陈李波　徐宇甦　杨卿蓉　李　琴　著

Nostalgia in the depth of time
— Jiufanggou of Dawu County

红色记忆：传统村落历史、形态与文化研究丛书

岁月深处的乡愁
——大悟九房沟

武汉理工大学出版社

图书在版编目（CIP）数据

岁月深处的乡愁：大悟九房沟 / 陈李波等著． — 武汉：武汉理工大学出版社，2018.8
ISBN 978-7-5629-5732-4

Ⅰ．①岁… Ⅱ．①陈… Ⅲ．①村落－介绍－大悟县 Ⅳ．①K926.35

中国版本图书馆 CIP 数据核字（2018）第 174800 号

项目负责人：杨　涛
责 任 编 辑：王　思
责 任 校 对：余士龙
书 籍 设 计：杨　涛
出 版 发 行：武汉理工大学出版社
社　　　址：武汉市洪山区珞狮路 122 号
邮　　　编：430070
网　　　址：http://www.wutp.com.cn
经　　　销：各地新华书店
印　　　刷：武汉精一佳印刷有限公司
开　　　本：880 × 1230　1/16
印　　　张：9.5
字　　　数：255 千字
版　　　次：2018 年 8 月第 1 版
印　　　次：2018 年 8 月第 1 次印刷
定　　　价：298.00 元

凡购本书，如有缺页、倒页、脱页等印装质量问题，请向出版社市场营销中心调换。
本社购书热线电话：027-87515778　87515848　87785758　87165708（传真）

总 序

陈李波

2018年3月

大别山位于鄂豫皖三省交界处，在中国红色文化发展史上占据重要地位。自1927年黄麻起义开辟柴山保革命根据地至中华人民共和国成立，大别山始终是中国红色政权核心地区之一，享有“四重四地”之美誉。

大别山区传统村落星罗棋布，红色文化基因赋予传统村落丰富的历史、艺术、生活与情感等价值，正是这些基因与价值造就了这些村落独具魅力的村落布局、空间形态与生活情境。然而作为集中成片特困地区之一，大别山区发展滞后，众多传统村落濒临瓦解，精神凝聚力丧失，传统“古村落”成为当下“穷村落”。

如何在国家政策的引导下，凭借大别山红色文化线路，以线路带发展、以文化促创新，传承这些村落的文化价值与精神内涵，激发其内在活力，实现其在新时期下的文化传承与复兴，便成为当下亟待解决的重要课题。

事实上，传统村落作为宝贵的“另一类文化遗产”[①]，其重要性已经不言而喻，关于其保护与发展的话题也成为研究热点。然而总体而言，目前有关的研究存在以下不足：

一是重保护，轻发展。与历史文化村镇不同，传统村落在规划上自由度更大，在“被动保护”与“主动发展”两者之间的余地也更多。然而，现今研究多将传统村落置于历史文化村镇保护体系内，照搬后者标准去评判前者，不仅使传统村落保护体系僵化，也扼杀了其发展的多种潜能。

二是重外力，轻潜能。即：重外在输血扶贫，轻内在立志复兴。忽视对贫困群众主动性的激发，缺乏对“就近就业”与“人才回流”重要性的认识，而以旅游线路为其代表现象，用消费来“拯救”沿线村落文化。诚然，旅游可先导先行，但并不意味着旅游就是传统村落的唯一发展路径。

① 冯骥才. 传统村落的困境与出路——兼谈传统村落是另一类文化遗产[J]. 民间文化论坛，2013（1）：7-12.

三是重传承，轻创新。过分强调红色文化的传承性，却忽视其带动力与结合力，以及其在当下的价值增值与转化潜力。红色文化线路、传统村落文化传承有其共性，但因其外在推力与内在动因不同，发展应各具个性，应有针对性地去挖掘。

四是重理论，轻实证。传统村落是孕育红色文化的土壤，是传承革命精神活的家园，更是扶贫攻坚的阵地。但现今传统村落研究偏重理论，实证研究相对滞后，个案研究不足20%。

有鉴于此，本丛书在编写过程中，首先尝试性提出“大别山红色文化线路”的概念。通过红色文化线路的方式明确红色文化在线路中的本体地位，挖掘革命精神在沿线村落发展中的带动效应，以线串点、以线扩面，为大别山传统村落的系统研究、扩展研究提供一个全新的视角，这在先期出版的《静谧古村——大悟传统村落（九房沟、八字沟与双桥镇）》中，便有着明显之体现。

其次，本着系统挖掘、抢救性挖掘传统村落文化物质遗产的目的，以大别山红色文化线路为基线，以历史事件为脉络，通过详尽的田野考察，系统挖掘沿线传统村落的多元价值，抢救整理红色文化物质遗产，建立传统村落图文档案，并且在行文中探讨性地归纳传统村落的发展方向与模式，从而将大别山传统村落保护与发展落到细处，落到实处。

当前，国家相继出台的《“十三五”脱贫攻坚规划》（2016）与《中共中央、国务院关于深入推进农业供给侧结构性改革加快培育农业农村发展新动能的若干意见》（2017）等政策文件，均不同程度关注大别山传统村落发展问题；同时，湖北、河南与安徽三省为贯彻《国务院关于大别山革命老区振兴发展规划的批复》（2015）精神，也陆续出台相应实施方案或实施意见。如何在这些政策的指引下，将传统村落的保护与发展落到实处，如何把握这些契机，将传统村落的艺术与文化价值、发展潜力充分挖掘出来，是摆在我们这些从事理论研究与实践工作的同仁面前的头等大事，这便是本丛书编纂的初衷与期许！

本丛书所选取的案例绝大部分是基于现场测绘和调研的第一手资料，并参阅和考察了大量的历史档案与图纸。虽然传统村落大部分建筑仍然存在，但保存状况堪忧，甚而有些建筑，即便是遗址都很难探寻。然而庆幸的是，保留和遗存的这些建筑已能构建起传统村落历史、形态与文化的大致轮廓，至少在景象层面可为我们保留传统村落的历史面貌与特征，这也是笔者编写此丛书的动力所在、兴趣所在。

本丛书的图纸基础相当一大部分来源于笔者工作的武汉理工大学建筑系长期以来的对传统村落调查与测绘的成果，没有这些老师、学生持之以恒地对传统村落的调查、探寻、测绘与研究，本书断难成篇。此外，还要感谢在写作过程中帮助我们的同事与朋友，当然还要感谢曾经指导的学生们，如研究生曹功、眭放步、卢天、王凌豪以及历史建筑与测绘的建筑学本科生，正是他们不辞辛苦地为丛书编写提供了丰富珍贵的图片资源，并参与绘制大量建筑图，这些使得本书案例添色不少。另外还要感谢武汉理工大学出版社的编辑同志，正是他们的努力促成本书的出版，感谢他们对我们的支持与理解。在此，谨向上面所提及的所有人表示最衷心的感谢和最崇高的敬意。

目录

绪论

大别山位于鄂豫皖三省交界处，在中国红色文化发展史上占据重要地位。自1927年黄麻起义开辟柴山保革命根据地至中华人民共和国成立，大别山始终是中国红色政权核心地区之一，享有“四重四地”之美誉。

大别山区传统村落星罗棋布，红色文化基因赋予传统村落丰富的历史、艺术、生活与情感等价值，正是这些文化基因与多元价值造就了这些传统村落独具魅力的村落布局、空间形态与生活情境（表0–1）。

表0–1　湖北红色文化历史遗迹（建筑类）一览表[①]

县	镇	建筑名称	地址
红安县	七里坪镇	黄麻起义会议遗址	和平街
		七里坪革命法庭旧址	和平街64、65号
		秦绍勤烈士就义纪念地	东后街26号
		七里坪长胜街革命遗址群	长胜街
		中共七里区委会旧址	桥头岗
		列宁市[②]列宁小学旧址	列宁小学院内
		列宁市彭湃街遗址	河街1号
		列宁市杨殷街旧址	长胜街132号
		鄂豫皖特区苏维埃政府旧址	镇王锡九村
大悟县	宣化店镇	中原军区司令部旧址	镇南端，原为宣化店商会公寓
		周恩来与美蒋谈判旧址	旧址为“湖北会馆”
		中原军区首长旧居	中原军区司令部旧址南60m
		李先念旧居	中原军区司令部旧址南80m
	丰店镇	传统村落九房沟	桃岭村

大别山一带以红色文化闻名，研究大别山区传统村落，势必要研究红色文化对其造成的影响。在大别山红色文化发展历程中，由关键历史事件活动（发展）的标志性节点连接而成的文化线路共有3条，依次为：土地革命时期鄂豫皖苏区建立；抗日战争时期新四军第五师活动；解放战争时期刘邓大军挺进大别山。

① 未作说明者，图片、表格皆为自绘、自摄。

② 七里坪镇曾被命名为“列宁市”。

大悟县在大别山红色文化第二条路线（新四军第五师活动）中，是鄂豫皖路线的核心地带，是整个红色路线的枢纽，受大别山红色文化影响较深远（表0–2）。

表0–2　传统村落考察路线详表

省域	红色文化第二条线路（新四军第五师活动）		中国传统村落	交通路线
湖北	黄冈市	蕲春县	向桥乡狮子堰村	武汉→黄冈西（动车）D6235
	孝感市	大悟县	芳畈镇白果树湾村	武汉→孝感北（高铁）G856
			宣化店镇铁店村八字沟	
			丰店镇桃岭村九房沟	
			城关镇双桥村	
	武汉市	黄陂区	木兰乡双泉村大余湾	武汉宏基客运站→黄陂中心客运站（公交，约2h）

大悟县是全国著名的革命老区、鄂豫皖革命根据地的腹心地带，具有光荣的革命历史。大悟县自1955年以来，被授予将军军衔人数多达37人（表0–3），故也称“将军县”，是名副其实的将军之乡。许多革命前辈曾在大悟这片土地上奋斗过。周恩来、董必武、李先念、徐向前等党和国家领导人曾在大悟留下光辉的战斗足迹。大悟也是民国大总统黎元洪的故乡。

表0–3　大悟县开国将军一览表

军衔	姓名	人数	备注
大将	徐海东	1人	军事家
中将	周志坚、聂凤智、程世才	3人	
少将	方毅华、邓绍东、石志本、叶建民、田厚义、宁贤文、伍瑞卿、刘何、刘华清、孙光、严光、李长如、吴杰、吴永光、吴林焕、何光宇、何辉燕、张国传、张宗胜、张潮夫、金绍山、周明国、郑本炎、赵文进、姚运良、高林、席舒民、黄立清、韩东山、董志常、谢甫生、雷绍康、颜东山	33人	刘华清（1988年被授予上将军衔）

大悟县位于湖北省东北部，地处大别山脉西部，东与红安县及河南省新县接壤，西邻广水市，南邻孝昌县及武汉市黄陂区，北靠河南省信阳、罗山两县。地处东经114° 02′ ~114° 35′，北纬31° 18′ ~31° 52′。东西相距42.4km，南北相距43.8km，总面积1985.71km^2。

大悟县地貌以丘陵山地为主，以北部五岳山、西部娘娘顶、东部仙居山、南部大悟山四大主峰构成地貌的基本骨架，依山势县域西部由北向南、中部和东部由中间向南北缓降，地形分为低山、丘陵、平畈三种基本类型。县境内水系纵横，库塘密布。境内有澴水、滠水、竹竿河三大主要河流，共有大小支流324条。澴水、滠水南流入汉水，竹竿河北注入淮水。

大悟县属亚热带季风性气候。四季分明，雨量充沛，日照充足。年平均气温15℃，年平均降水量在1140mm左右。全年无霜期为227~242天，其分布南长北短，南北相差约15天。

据《大悟县志》记载，大悟历史沿革久远，名称更替频繁（表0-4）。

表0-4　大悟历史沿革

时代	历史沿革	
北朝/周	因北周设安陆郡，部分贵族向南迁徙	
隋	开皇九年（589年）	以县境内礼山为名，设礼山县
唐	唐初废县名	
清	清康熙二年（1663年）	境域分属罗山、黄陂、孝感、黄安两地四县管辖
中华民国	1930—1932年	中国共产党先后在境内设罗山、陂孝北、河口三县苏维埃政权
	1933年	国民党设礼山县，属湖北省第四行政督察区
	1936年	改属第二行政督察区
	1939年	改属鄂东行署
	1942年初—1945年9月	中共鄂豫边区党委、鄂豫边区行政公署及新四军第五师司政机关进驻大悟山区，先后设安礼县、罗礼应县、礼南县三个抗日民主政府
	1946年1月—6月26日	中原突围，中共中央中原局先后在境内建立礼山自治县民主政府、礼山县民主政府、礼山县爱国民主政府
1949年及以后	1949年4月6日	礼山县全境解放
	1949年10月1日	中华人民共和国成立，礼山县爱国民主政府改称礼山县人民政府，隶属湖北省孝感专员公署
	1952年9月10日	改称大悟县

第一章 将之庐冢：形成与演变

题记：九房沟的形成和演变既有湖北传统小城镇发展的共性，又有其独特的地域特点。通过从自然、历史、人文、经济等多角度对古镇进行系统的考察，梳理其形成与演变过程，并进行大致分期，以此来分析古镇的缘起，把握古镇的脉络。

九房沟地处大悟县东北部的丰店镇桃岭村西南部，此地并属淮河水系，是竹竿河的源头之一。流入长江水系的部分原属于湖北黄陂地界，现为大悟县彭店乡。“水往北流属于原来的河南罗山地界，现为大悟县丰店镇，再往西10里处水往西流注入澴河，属于原孝感地段，这里在八十年前是两省三县的交界处！”九房沟就坐落在这样一个地理位置比较特殊的地段。

第一节　静谧古村——九房沟

九房沟西南部有一隆起的山脊，一峰耸立云端，叫寨基山。寨基山又叫金鸡岭，据传说很久以前有人看见一只金鸡落在山顶之上，因此才有此名。所谓的金鸡就是凤凰的民间俗称。金鸡从远方飞来，落在山顶之上，顿时金光四射，与日月同辉，于是人们就把金鸡落下的那座山叫金鸡头。金鸡岭下面的山坡上原有一古寺名曰照鸡寺，后被毁。寨基山延伸的山脊叫金鸡尾，九房沟就坐落于金鸡尾环合处的低洼地段。西山耸立，两脊环合，东望仙舞山，西靠金鸡岭，山势蜿蜒，逶迤伸展。

湖北大悟九房沟传统村落地处大别山西南麓地区，鄂豫皖三省交界地带，地形地貌以低山丘陵为主，属亚热带气候，雨量充沛，光照充足，四季分明。该地区交通较为封闭、区域经济比较落后。正是这一原因使得该地区的传统建筑、地域文化及自然环境都得到较好的保存。村落坐北朝南，东西长，南北宽，村落中建筑大多为砖木结构，总体保存较好，总建筑面积约10000m^2。村落整体依山而筑，层层青墙黛瓦，静静伫立在寂静的山谷中，规模宏大，气势恢宏，是大别山地区保存较为完整的传统民居建筑群落之一。九房沟传统村落于2014年入选中国传统村落名录，并于2015年被列为湖北省文物保护单位，成为第三批入选国家历史文化名村的村落，并入选了央视纪录片《记住乡愁》（图1–1）。

图1-1　九房沟图景

第二节　薪火传承——历史与沿革

九房沟是一颗失落深山的明珠，民国时期的九房沟，一度是县衙所在地。九房沟的颜氏祠堂，曾经是礼山自治县民主政府的所在地。同时，九房沟还是当时自治县辖的五个区之一的第一区，占尽天时地利人和之优势，直到中原突围时才撤销了礼山自治县（表1-1）。

表1-1　九房沟历史沿革

<table>
<tr><th>阶段</th><th colspan="2">历史沿革</th><th>备注</th></tr>
<tr><td>起源</td><td colspan="2">明朝后期，从孔子弟子颜回算起的颜氏第62代传人之一的颜思敬，从江西逃乱辗转到湖北，在湖北与河南交界处，开荒种田，繁衍生息，并以自家的田地冠姓，起地名为“颜家田”，这便是大悟颜氏一族的起源。
据“颜氏宗谱”记载，九房沟始建于明末，为颜氏五世祖所建，距今已300多年</td><td rowspan="2">九房沟是一个曾经有50多户人家，300多人的古老村子，全村户主大都姓颜，也就是大悟县颜氏第5代兄弟9人中排行老九的一脉繁衍下来的，并传承至今</td></tr>
<tr><td>兴盛</td><td>清朝的中晚期</td><td>从起源至清朝，形成了占地上万平方米的寨堡，在清朝中期更是达到鼎盛，方圆数十里有良田三千担，曾出两举人，富甲一方，直到新中国土地改革划分农民成分时，整个九房沟的颜氏住户全部是地主成分，连一个富农都没有，就更不用说中农和贫农了，九房沟的辉煌和富庶的程度可见一斑</td></tr>
<tr><td>发展</td><td>1933年</td><td>成立了大悟县的前身——礼山县</td><td rowspan="4">一个叫颜德六（外号颜屯万）的最大地主，为逃避惩罚弃家人而不顾，独自随国民党跑到了台湾，并在台湾又娶妻成家一直没有再回来过，其老家的儿孙至今还住在九房沟</td></tr>
<tr><td rowspan="3">衰落</td><td>中原突围时</td><td>撤销了礼山自治县</td></tr>
<tr><td>1952年</td><td>更名为大悟县</td></tr>
<tr><td>现今</td><td>如今的九房沟，只剩20几户人家留守于此，而且大都是些老弱病残。过去的住户有的进了城，有的随着新农村建设迁往地势较平坦的地方建了楼房，青壮年为了更高的生活质量几乎全都远走他乡，只剩一些老人留守，偌大一个古村落，看上去人烟稀少而满地遍野散养的牲畜就显得格外多，鸡鸭牛羊满村跑，叫声不断，更显九房沟这个历史古村落的沧桑和凋敝，一幅沉睡已久衰老残存的古村落模样</td></tr>
</table>

悠久的历史与文化，孕育着深卧鄂北山区深处的九房沟，造就了其深藏山壑名不露，古香古色的盛极辉煌。九房沟，这样一处鲜为人知的古村落，一处有过辉煌历史的古民居，一处饱受儒家文化影响的根植地，一处沉睡已久方兴未艾的原生地，我们去寻访、去研究！

第二章　匠心独运：空间与形态

题记：小溪蜿蜒流淌，它们每天在山间、在河道、在田间、在村口上演着浪漫的邂逅。它们总能看见村民们人来人往地穿梭于那一排排的房子，小溪很想去村落中看看，和大家打打招呼，问声好。

——佚名

九房沟传统村落的空间结构，受当地人文因素和自然环境的影响较为深远，其空间形态主要由三大区域组成，即九房沟主体建筑群、村口祠堂、周边建设控制区（图2–1）。九房沟主体建筑群由地势稍高的青龙台起，九进房屋依次排列开来，形成一个规模宏大、形制完整的古建筑群。周边建设控制区则包括村前石板古街、风水塘及与主体建筑群相邻的民居。控制区内民居虽然在建筑规模、形制上不及主体建筑群，但其整体风格与主体建筑群较为呼应（图2–2）。

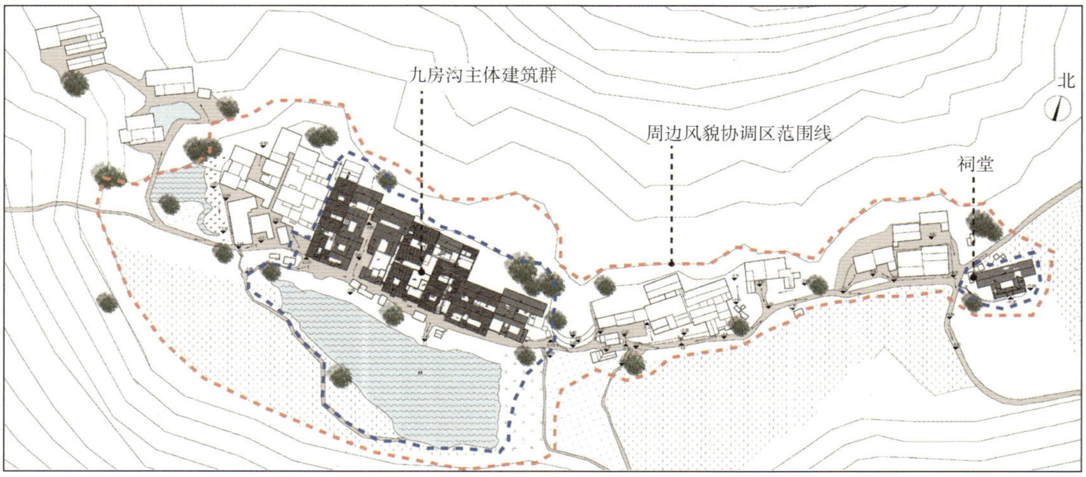

图2–1　九房沟村落总平面图

图2–2　九房沟村落航拍图

第一节　格局演变

九房沟传统村落始建之初仅为一进房院落，后随时间推移、家族人丁兴旺，村落开始沿东西向线性发展，空间格局也日趋完善，形成了如今“九房一祠堂”的空间格局，其村落格局演变历程大致可概括为4个时期（表2-1）。

表2-1　九房沟传统村落格局演变图

阶段	时间	发展事件	格局演变图（黑色：建筑群体；灰色：水体）
兴起时期	明末时期	以大悟县颜氏第5代传人之一的颜之全修建的一进房院落为开端，开启了九房沟传统村落的发展序幕	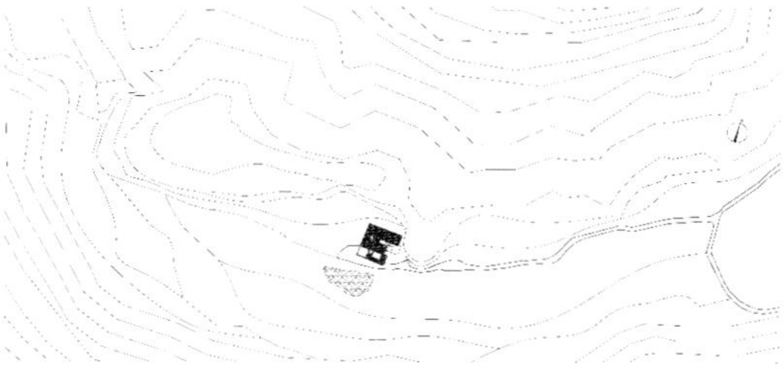
发展时期	清朝初期至中期	以一进房为起点，沿东西向呈线性式快速发展，村落规模、空间格局日趋完善，村落前风水堂以及村口的祠堂基本形成	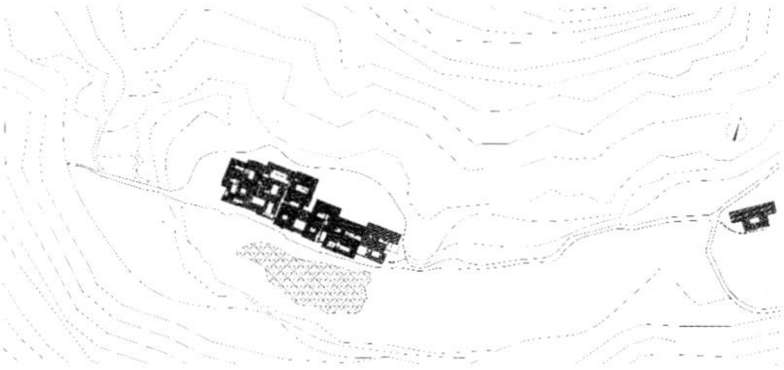
兴盛时期	清末时期	发展达到鼎盛。九进房屋主体建筑、村口祠堂连同村头及村尾端建有的寨楼形成占地上万平方米的寨堡，整个寨堡形制独特，各家院落分门别户独立开来，同时互相之间又有通廊贯通，整体建筑群外墙皆以青砖高墙围合，防卫性较强	
衰落时期	20世纪50年代	中华人民共和国成立后，九房沟村落内建筑被重新分配给村民居住，村民根据自身需要对建筑内部重新进行划分，自行修建隔墙，对九房沟村落空间格局造成一定影响	
	21世纪初	居民对原来的古建筑进行了部分改造、扩建，造成现代建筑元素与传统建筑元素的混搭，对传统村落的风貌及景观的协调性造成较大的影响	
	现今	随着城市化和现代化建设的快速发展，九房沟村落人口锐减导致“空心村”现象日益严重，空置的房屋日渐衰败，部分建筑屋面完全坍塌、外墙严重损毁	

第二节　人文因素

九房沟距今已有300多年的历史，是名副其实的传统古村落。饱经风霜的洗礼与净化，使得这座村落吸收了大量的中华传统文化，也孕育着新的生命。这些人文因素在九房沟的发展演变史中占主要地位（图2–3）。

一

唐代以前，鄂东入淮南道，到宋后入淮南西路。到明清时期，与江汉平原一样，有大量的外地游民、移民移居到鄂东北丘陵地区。定居在鄂东北的移民以江西籍游民为主，因此赣文化大量流入此地。在九房沟的“颜氏宗谱”中便有“祖籍”江西的记载，九房沟的历史空间形态受赣文化影响最大。九房沟古村落中的历史建筑在很多建筑符号上的运用与赣派民居相似，如高出屋面的马头墙（图2–4）、檐口装饰等。这些都是移民带来的文化在建筑外观上的反映。

图2–3　日常生活一角

图2–4　马头墙细部

耕作历来是九房沟村民的主要生存方式，而村里也有很多见证这份记忆的东西，如古石桥、农田小道等（图2–5、图2–6），所有这些将村民的生活与希望紧紧地联系在一起。

图2–5　古石桥

图2–6　农田小道

二

以形势为宗，出自唐代风水家——杨筠松，俗称“江西派”。“江西派”重于观测山川地势，而九房沟古村落选址同样受江西文化影响深远，村落风水布局讲究江西派的“形势宗”。“形势”包括“形”和“势”两个方面，“形”是指近观的、小的，“势”是指远观的、大的。对应起古村落来，“形”是指住宅的外形结构，“势”指外围的山水地势。九房沟传统村落坐北朝南，背山面水，其选址格局极其讲究，注重传统风水理念，符合“负阴抱阳、背山面水”的基本格局。基址周边卧虎山、仙舞山与金鸡岭成环抱之势，南面与西南面无名案山与远处朝山相对。基址前辟有水塘并预留出耕作空间（图2–7、图2–8）。

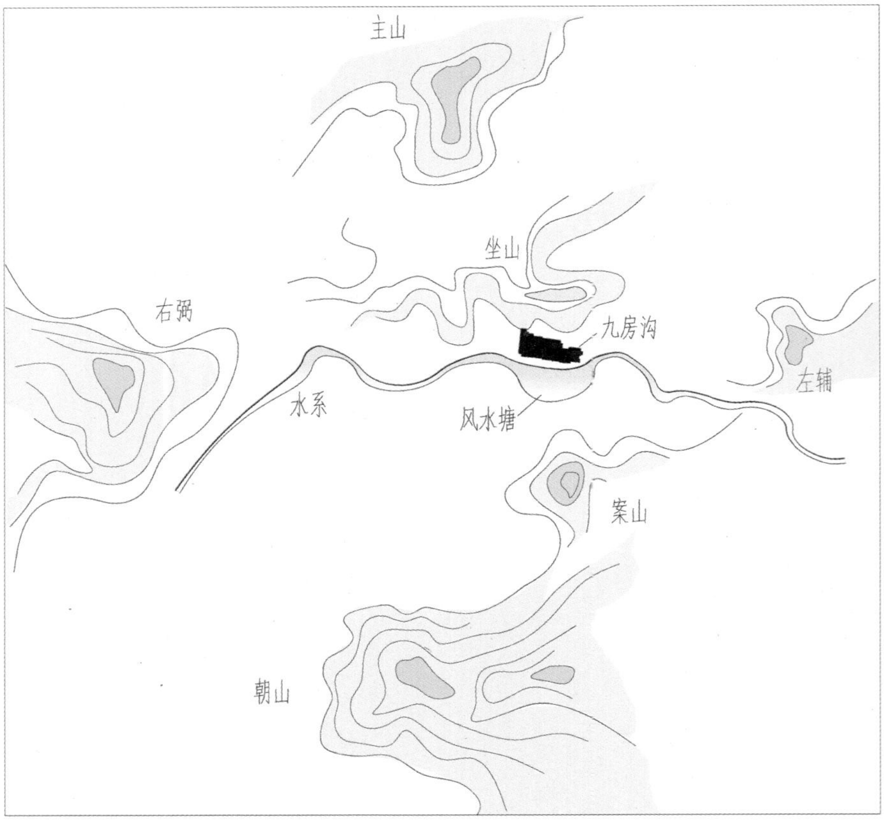

图2–7　村落风水格局图

图2-8　背山面水

三

血缘关系也是影响九房沟空间形态的重要因素之一。聚族而居是这里最普遍的聚居方式，称为家族型聚落。聚落中各家庭彼此皆为“亲戚”关系，只是亲疏远近不同。从聚落形成来看，家族型聚落表现为以各祠堂为核心，建立起以宗法制度为背景的生活秩序和相应的空间形态（图2-9~图2-11）。

图2-9　九房沟家族型聚落图

图2-10　九房沟颜氏宗祠图

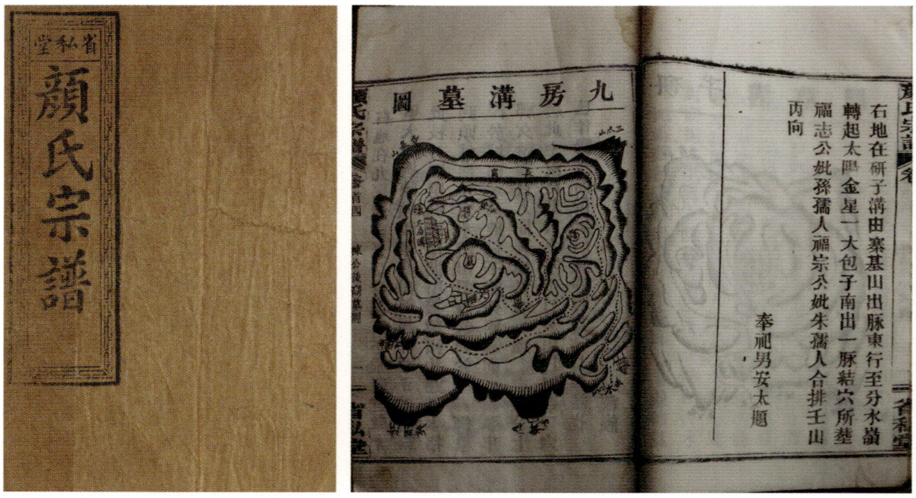

图2-11　颜氏宗谱

因习俗出现的公共交往活动，对村子的空间形态也产生了不同程度的影响。最典型的是九房沟不同院落空间的形成，以及后来加建的临水厨房等，使得空间形态发生了改变。

第三节　自然因素

九房沟传统村落坐北朝南，背山面水，其选址格局极其讲究，注重传统风水理念，符合“负阴抱阳、背山面水”的基本格局。基址后依有卧虎山，左右有山峰成辅弼之势，南对无名案山。基址前有从寨基岭上汇集的溪流缓缓流过，远而平稳，汇入风水塘，藏风聚气，同时亦有抵御外来灾祸和将内部灾祸带出之意。基址西南面留出耕作空间，侧面和前面有道路通过。村落后方山岗密植树木，形成一片风水林，冬天可以抵挡北风的袭击，雨季亦能防止水土流失。所有这些得天独厚的自然优势，造就了这片古村落的人文底蕴（图2–12）。

一

山体对九房沟村落空间形态的影响可以从两方面来论述：一是地形地貌对村落空间形态的影响；二是取自山体的天然建筑材料对村落空间形态的影响。

（1）地形地貌

九房沟村落建筑群体与山体相交，建筑一部分建设在平地中间，一部分构筑于山体之上。四周环山，背山面水，或许是出于防御需要，期初选址位于四周环山的平地之上，但随着村落的发展，村落规模越来越大，平地面积有限，村落开始往酱子岭上发展，在三维空间中酱子岭成为村落空间的底界面，其余三个方向的小悟山、面前山、寨基山则开始对村落起围合作用，逐渐限定着村落空间。就整体而言，建筑布局注重地形，灵活布局，并且室内外、院落均顺应地势高差，这一点有别于鄂中、鄂南地区那般束缚于宗教与礼制的约定。

图2–12　九房沟村落自然环境

（2）天然材料

木材是大悟传统建筑中使用最广泛的建筑材料，大悟县森林覆盖率高达49.1%，林业发达，林木资源丰富，便于就地取材。木材质轻，易加工，规矩统一，建造灵活，抗震性强，导热系数小，冬暖夏凉，令居住环境十分宜人。多用于建筑内部结构门窗，也用于室外构件（图2-13）。石材和砖材在九房沟中的具体应用，将在第四章做详细论述。

图2-13　建筑内部结构及门窗用材

二

东北部有水资源丰富的丰店水库，而九房沟基址前辟有水塘并预留出耕作空间，有丰富的水资源供应。水塘沿着村落边缘缓缓流过，曲折蜿蜒的溪流与周边建筑、远处的山体形成一副诗情画意的水墨画（图2–14、图2–15）。后期加建建筑如厨房等都依水而建，便于使用。

图2–14　水墨意境：九房沟全景

图2–15　村落与水塘

整体看来，大悟县的气候属于北亚热带季风气候。其特点是四季分明，冬季温度较低且干燥，夏季温度高且潮湿，霜期较长，建筑保温显得较为重要，为了保温，建筑外墙较厚重，居住建筑外墙开窗较小（图2-16），或不开窗。大悟县灾害性气候有春季的低温阴雨和早春冻害；夏季的高温干旱和暴雨洪涝；秋季的寒风和连阴雨；冬季的寒潮、冰雹、雨凇等。河水流量随季节变化极大，为在干旱季节能确保生活用水，村内多处设水塘蓄水（图2-17）。

图2-16　建筑开窗

图2-17　蓄水水塘

第三章　阡陌交通：街巷与市政

题记：游历于九房沟古村落的街巷中，在每一条巷道中都会有不一般的感受。青石板、柏油路、石板阶梯，平地、坡地、台阶，宽巷子、窄巷子等多种形式的组合，都能让人们为之惊奇与赞叹。

街巷是古镇的骨架和支撑，作为一种古镇基础设施类要素，街巷的主要作用是联系城市内部各要素，有效组织线型交通，使之成为有机整体，对整体空间形态起着决定性作用。街巷一般由古镇民居建筑围合而成，是一种空间模式和行为模式的综合体，担负着居住、交通、文化、经济、防御等多重功能，既是一个物质实体又是一种心理空间和社会空间。

街巷空间包括街、巷、河以及作为街道空间的延伸和扩大空间的节点空间等，形式丰富多样。由于街巷两侧建筑立面在细部处理、建筑材料和色彩运用上富于变化，使街巷空间变得很有韵味。作为古镇意向的主导元素，街巷又是在镇区范围内进行意向组织的主要手段。本章试图从街巷功能、街巷结构、街巷空间特色、街巷景观、街巷界面等多方面对九房沟的街巷进行解析，并试图探求古镇街巷的独特个性（图3–1）。

图3–1　九房沟街巷组图

第一节　交通与组织

交通联系是古镇街巷的基本功能，主街南是石垒的寨墙，从沟里看上去有一丈多高（图3–2）。沿主街分布有11个门巷，为不规则的网状路网结构。走进逐渐上行的门巷，可以进入两侧依山错落分布的各家中堂及相关房间（图3–3）。

图3–2　石垒寨墙

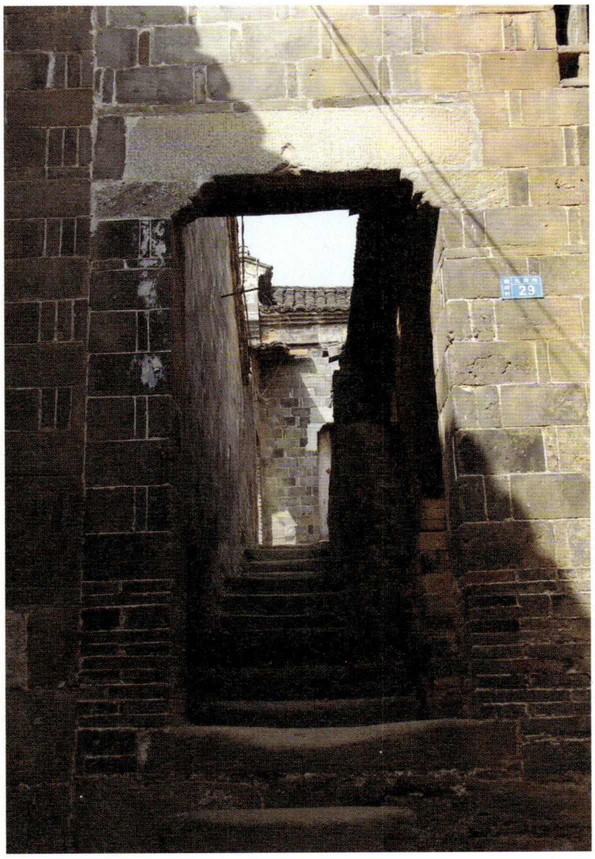

图3–3　交通用街巷

一

居住生活功能是古镇街巷的重要功能之一，其空间形态、尺度、构成方式都是为居民居住及其交流活动的顺利进行而逐渐形成的，根据人的活动的频繁程度来定义街巷的尺度与沿街界面，以给人带来最大程度的舒适感和亲切感。家与街的紧密联系，使街巷成为生活空间的一部分，将室内外空间联系在一起，既有利于交流，又增加了建筑空间。街坊邻居之间相互熟识，相处融洽。居住在这里的人们生活闲适而快乐，面对面的交谈是必不可少的信息来源途径，经常可以看到邻里依门而立，幽静的街巷内不时回荡着阵阵欢快的笑声（图3-4）。

九房沟地处亚热带地区，夏季炎热，主街沿着池塘和农田蔓延到远方，巷道贯穿河田和远山，大大小小的街巷均能起到一定的通风作用。南北风向为此处常年主导风向，白天阳光的辐射作用加速水面空气的对流，在傍晚形成凉爽的河风，通过垂直河岸的巷道进入古村落。同时这种布局还使得山水景观与街巷建筑有机结合，提供了良好的居住环境。傍晚村民们在街巷口乘凉的和谐场景给如诗如画的古村落增添了一丝人间烟火气（图3-5）。

图3-4　通往各房街巷

图3-5　与休憩空间相连街巷

二

九房沟是大别山南部相对封闭的地方，北有三爪山，南有清明山，东有仙舞山，西有寨基山，是个土匪出没的地方。寨堡的颜姓族人出于防卫需求，将这里建成了寨堡模式。寨堡有东、中、西3个寨门，东门外是青龙台，西门外是晒谷场以及寨基山延伸下来的蛇头状山岭。主街南是石垒的寨墙，寨堡后面东西有两碉楼，防卫性非常强，内部各家之间还有通道相连。这种户户相通，连成一体的格局，村民说“主要是为了便于集中族人防止土匪入侵”。

只可惜，寨堡的内部空间格局因应各家需要而被分隔改造，原来很好的格局被分隔得凌乱不堪。寨堡的寨门、寨墙也被拆掉，周围的林木在1958年被砍伐殆尽，随后寨堡内大量精致的装饰也被尽数砸毁。

第二节　节点与尺度

古镇街巷空间形态是指街巷总体布局形式以及街巷、民居、水系等物质要素的格局、肌理和风格，不仅体现了规划布局的基本思想，记录和反映了古镇格局的历史变迁，更显示了一定历史条件下人的心理、行为与村落自然环境互动、融合的痕迹。

一

九房沟坐落于山环水绕的自然环境中，其街巷与周围自然环境共同构建了山、街、水三位一体的整体结构特色，这是在丘陵地区地形地貌、生态及景观特点的基础上衍生出来的。丘陵环境中的山脉、河川、土地等，既是古镇街巷赖以生存和发展的自然基础，也是街巷空间结构的载体，其中河流的形态和山体的坡度是两个最重要的因素。九房沟街巷利用了山地本身的层次性和立体性，顺应山脉和水体的走势，不盲求规整与对称，因势利导地利用坡地、阶地、平地交错的形式灵活布局，与山体、河流浑然一体。适应复杂的地形特点，开合有度，能曲能直，形成形态丰富、“三位一体”的街巷整体结构特色，达到人工环境与自然山水的和谐统一。

九房沟古村落街巷结构是“一街十一巷”。主街是古镇空间形态体系的主干，贯穿整个村落，既连接对外交通，亦联系村落各处；整个村落往往通过主街来运输、疏散人流与物流。与此同时，主街亦是村落绝大部分社会性活动的空间载体和主要的社会活动场所，代表着村落的主体形象。在居民的意识中，主街就是九房沟的标志，其街道空间相对宽阔，两边建筑相对高大，是村落中最繁华的地段（图3–6）。

支巷作为垂直于主街的分支通路，一方面联系着主街与主街建筑之后的区域，另一方面也联系着主街与河溪。支巷的尺度较小，一般不承担运输物资的功能，但使用却很频繁，在整个街、巷体系中仍然有重要地位。支巷一般有两种：一种是连接主街或主街与其他支巷；另一种是直接入户的，只有一个出入口，避开了过境交通，保证了居家生活不受干扰（图3–7）。

图3–6　九房沟主街

图3–7　九房沟支巷

二

影响空间尺度的因素主要有四个方面，即地形、气候、街巷功能以及行为情感。地形方面，大悟县地处丘陵地带，适合建设的平坦区域有限，为了节约土地，村镇内街巷空间尺度较小。气候方面，大悟县属北亚热带季风气候区，冬冷夏热、降雨量较大、日照时间长，小尺度空间便于其挡雨遮阳，狭窄的街巷有利于通风。历史村镇中街道的主要功能是经济活动与交通生活，加上当时陆路上主要的交通工具是马车、轿子等，街道能满足这些交通工具通行足矣；巷道的功能是连接主街和码头、主街与私宅，巷道尺寸满足人通行即可，巷道尺寸会小于街道尺寸。人们的生活交往也决定了街巷的尺度，从行为情感来说，小尺度更容易拉近人与人之间的距离，能满足人的行为情感需要，给人以轻松和安全感。

美国的凯文·林奇将节点视为认知城市意象的五要素之一，认为“节点是在城市中观察者能够由此进入的具有战略意义的点，是人们往来行程的集中焦点”。节点空间是街巷空间的重要组成部分，街巷节点不仅是交通空间，同时也是人们交流、停驻的空间（表3–1）。

表3–1　街巷宽高比

街道宽度*D*与建筑外墙高度*H*的比值	空间感受	尺度选择	街巷照片
$D/H<1$	围合感强，令人压抑、憋闷	不适宜，需要拓宽	
$D/H=1$	内聚、安定而不至于压抑	适宜	 

续表3-1

街道宽度D与建筑外墙高度H的比值	空间感受	尺度选择	街巷照片
$D/H>1$	宽阔、开敞使人有孤独感	作为支巷道不适宜	
$D/H=2$	仍能产生一种内聚、向心的空间，而不致产生排斥、离散的感觉	主街道适宜	
$D/H=3$	会产生两实体排斥，空间离散的感觉	不适宜	无

三

界面是相对于空间而言的，多界面的围合与限定才构成了空间。这些界面由多要素组合而成，街巷空间亦是在街巷界面的限定下产生的。街巷界面由侧界面、底界面和顶界面构成。底界面由路面、广场及其他附属场地组成，是村镇各种公共活动的发生地。底界面通过材质、形态的变化来限定和标识空间。底界面的材质与其使用性质有关，一般商业街道和重要广场用石板满铺；生活巷道多为实土地面或者用鹅卵石铺就，熊畈村内巷道多用鹅卵石铺就，然而带有高差的巷道多会用青石板铺就（图3-8）。

街巷空间在很大程度上取决于界定空间两侧建筑物的整体立面效果。临街界面多是商业铺面、居住建筑的入口立面。由于屋主经济实力的不同，这些单体建筑在开间、层数、高度、材质、建筑形式等方面各不相同，恰恰是这些差异感使得临街界面丰富多变，山墙界面会随着两侧屋顶坡度的变化时起时伏，具有优美的弧线（图3-9、图3-10）。

图3-8　街道铺面和巷道铺面

图3-9　街巷侧界面

图3-10　临街侧界面

街巷的顶界面相对于底界面与侧界面来说更为开放，顶界面可以说是天空的取景框。它由天空及街巷两侧建筑的屋檐、山墙、山花组成，随着沿街建筑形态和尺度的不同以及街巷形态的不同，形成开合有度的街巷顶界面（图3-11）。

图3-11　顶界面

第三节 排水与防火

镇区与河道的位置关系决定了古镇的防洪系统的效果，九房沟镇区与河道位置有两个优点：一是古镇与河道平行布置，发生大雨河道涨水时，水流不会直接冲刷镇区的方向；二是镇区位置处于河道的“凹岸”一侧，这在风水上称为“澳位”。河水有一定的流速，当河水流速较快时，就会使河岸上的泥沙脱离被水带走，对河岸造成侵蚀；而当河水流速较慢时，河水中夹杂的泥沙就沉降到河底，造成河道堆积。因此相对于外侧来讲，因为常年的沉积，凹岸地质也比外侧更为稳定，不易发生错动和沉降，非常利于镇区的防洪，而且河道的内侧属于被水流冲击的反方向，一旦洪水暴发，水流不会直接冲入镇区（图3-12）。

图3-12　河道围绕的村落

一

古镇里主要的废水来源有院子和路上的积水、屋顶和院子里的雨水、厨房废水与浴室废水等，特别是夏季暴雨时节的降水，其来势快、降水量大，因此有效地组织镇区内部的排水也是九房沟古村落关注的重点。主要有以下几种排水措施：

（1）善用坡地地形

选择有坡度的台地建立镇区，对于古镇排水是十分有利的，使基本建筑朝向与地势大体一致，这样生活废水和雨水等就可依靠坡度和自生重力的作用沿着山势排出古镇外。集合古镇建筑室内排水和古镇镇区的排水设施，排水效果相当良好，有利排水的地形也避免了由于季节性大量降雨而出现的排水系统堵塞和容量不足的糟糕情况。

（2）天井组织排水

在古镇单体民居内部，天井和天斗是建筑排水最直接有效的方式。天井除了有通风采光和气候调节功能之外，最直接的作用就是排水。在安徽和江西等地，天井空间也称为“四水归堂”，其集水、排水的功能显著。

（3）多种水系净化

污水和雨水经排水沟排出后，大多排到了附近的河流中，或者地势低洼的水塘水池里。排入河流中的污水排水口根据地形集中设置在河流的下游，以防止对上游生活用水和洗涤用水造成污染。池塘不仅是生活用水的集中排放处，也可提供消防用水，同时也是雨天迅速排除积水的重要手段之一。区别于河流将水带走，水塘、池塘则是将污水进行储存，水储存是一种有效的净水处理方式。水中的污染物在这里沉积后将会被稀释，不同质量的水也在这混合，会起到一种平衡的效应。在池塘中种植一些植物来降解污水，还可以养殖一些例如鸭子、鹅等动物来形成生态循环系统，这些都能对污水起到转化和处理的作用。

二

常言道：“远水救不了近火”，所以传统村落靠近水源的另一大优势就是有利于防火，适当的近水关系为防火奠定了良好的基础。九房沟古村落西北角和南面的池塘平时可以储存大量水资源，以备不时之需。

与古镇老街相交的支巷不仅起到了交通的作用，同时支巷也有划分防火分区的作用。支巷的宽度通常为1m左右不等，两侧的山墙多为砖墙和水泥墙，都是不易燃烧的材料，而且一般做成高出檐口的封火墙。火灾发生时，支巷的间距和防火的封火墙可有效抵挡火势从一个分区跨向另一个分区，从而起到防火的目的。

“封火墙”又称为“马头墙”，一般多见于南方民居，在湖北古镇建筑中也很常见。九房沟古村落用地相对紧张，建筑间距相对较小，一旦发生火灾，后果非常严重，所以墙体成为了火势最有力的阻隔。把砖石材料的墙体升高至屋顶脊线以上，使左邻右舍的房屋在立面上被割断开来。这样一来，房屋易燃烧的梁、柱、屋檐等基本上都被限制在一个建筑里，而没有墙垛在左右方向上保持连续，即使发生火灾，有了封火墙的隔离，其损失也会大大减少。

封火墙是中国传统民居聚落中一种以防火为目的的墙体建筑，与此同时，封火墙还可防盗，兼具美感与装饰的作用。后来演化为一种建房的形式，单独建房也造封火墙，是湖北民居乃至南方民居的一个造型特色（图3-13）。具体而言，九房沟古村落建筑山墙有山形山墙和高低错落的梯形山墙两种（图3-14、图3-15）。

图3-13　山墙造型细部

图3-14　山形山墙

图3-15　梯形山墙

第四章 古色古香：建筑与装饰

题记：建筑面向溪流、依山而筑，规模宏大；静谧院落，古老祠堂，高大石墙；青墙黛瓦，立柱梁架，雕花刻砖；九房沟古村落的建筑与装饰堪称现存为数不多的古建筑佳作。

九房沟古村落建筑都有天井院，且多为三进至五进。天井院不仅解决了小开间、大进深建筑的采光、通风与排水等功能问题，而且有效利用土地，增加了使用面积。九房沟传统村落结合山地地势布局，大体呈北高南低之势。九进房屋建筑皆以一条主干道并联多条门巷，进入两侧院落空间。虽然每进院落高差不尽相同，但通过巧妙地设计台阶、连廊、巷道等方法化解了高差，并营造出丰富的空间层次与错落有致的景观效果，由此形成了以交通线性空间与院落围合空间组合的空间体验序列核心，堪称鄂东北传统村落的典范（图4–1）。

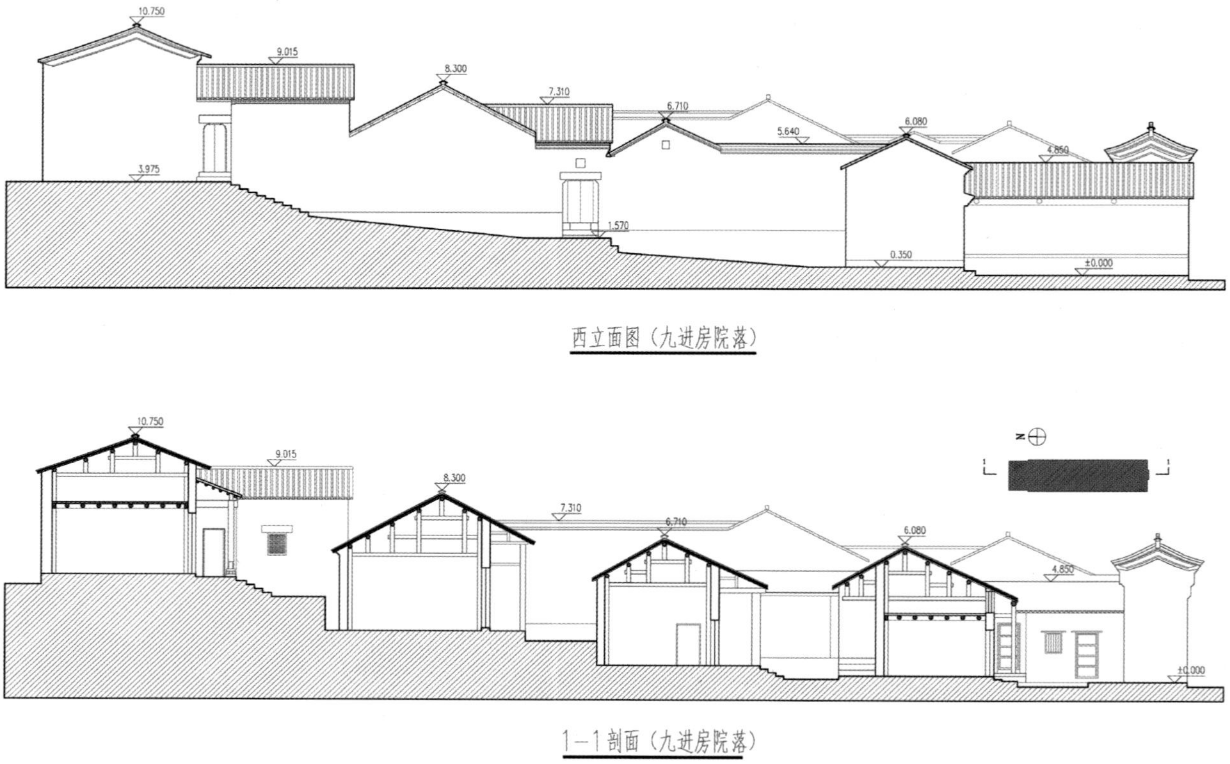

图4–1　多进式院落

第一节 建筑类型

九房沟建筑类型主要有住宅建筑、公共建筑及遗址建筑（表4–1）。

表4–1 九房沟建筑类型

建筑类型	名称	特点
住宅建筑	第一房	位于九房沟主街首端，东西各三进式院落，第三进已完全损坏，沿南北向呈轴对称排列且由南向北随着地势逐步抬高
	第二房	建筑几乎沿着中轴线对称分布，中部为廊道，共四户，两进，一进左右两院，往后地势逐渐升高
	第三房	面朝池塘，背靠寨基山。多座独立式建筑组成的多院落建筑群，以巷道为主轴，依地势而建，阶梯式布局，院落互有贯通
	第四房	位于九房沟主街的中间位置，院落中的主体建筑是砖砌三层式民用住宅。整个建筑为一户所独占，建筑呈“匚”形分布。第四房的现存屋顶得到很好的保留，其中与第五房交界的屋顶部分成斜角对接
	第五房	位于整个九房沟村落的中间部位，大门是村落面向主街12个门巷中的第五个。整座建筑为一路三进的院落式布局，地面随地势逐渐抬高
	第六房	位于九房沟主街的中端，是一个三进式的院落，三个庭院分布排列在一条主线上，随着地势逐渐抬高。就现状来说，整个建筑目前被分为独立的三户，互相不贯通
	第七房	基本损坏
	第八房	为四进院落，三开间，为三户人家所有，第一个院落为第一户所有，第二个院落为第二户所有，第四个院落为第三户所有
	第九房	位于九房沟主街的末端，是一个四进式的院落，四个庭院分布排列在一条主线上，随着地势逐渐抬高
公共建筑	颜氏祠堂	祠堂位于主街的最开头，祠堂还曾作为学校用于教学，内部设有黑板，现已荒废
遗址建筑	牌坊遗址、青龙台遗址以及土地庙遗址	牌坊→经过土地庙、青龙台→穿过牌坊，通过牌坊的同时，会让人有一种驻足感

一

（1）第一房

就测量现状来看，第一房为东西三进院落且各自独立，体量相当，沿着中部公用廊道对称分布，但第三进大面积损毁，只能测量出局部残留墙体。东侧房前两院落互相贯通为一户。西侧房前一院落与后一院落未相互贯通，第一进院落为第二户。西侧第二进院落的入口不与其他户相通，而是后期被改造在房屋最西侧新加了一个入口，这是第三户。

公用廊道是整个第一房的中轴线所在，临街主立面为一歇山双坡屋顶加牌楼式面墙的砖砌体结构，牌楼屋顶盖灰筒瓦，前后出檐及饰面印画等均保存完好。门洞处的柱础、门框、门券、台阶等均用同一材质的石材，整体风格端庄清雅。牌楼以中国古典审美比例对称做饰面和雕花，样式较为复杂。进门口便为左右两户公用的廊道，廊道内部随地势有台阶上升，左右两侧各有门进入东西两侧的院落。

第一户位于建筑轴线（即公用廊道）的东侧，包含前后两个院落，穿过前一个院落的主房便可到达第二个院落。进入前院落时可以看见正对着的硬山双坡屋顶，室内外通过六级台阶完成高差过渡。正立面有连扇的木质镂空工艺门，具有一定艺术水平，符合中国古典审美比例。同时厅堂内部正对着的有六扇同类型的木质门，现已封死。房屋内右侧为单独隔离出来的厢房。整个第一进院落的坡屋顶，内部梁柱结构均保存完好，能准确反映出当年景象。由第一进院落可以直接到达第二进院落，且属于同一户人家，入口位于第一进院落后部。第二进院落由三处厢房呈U字形布局，不完全对称，高差错落，均采用台阶完成过渡。西部为单坡屋顶，内部结构有损坏，东侧为硬山双坡屋顶，内部结构被覆盖无法观察。第二进院落的主房有夹层，上部为木质结构，应为置物所用（图4–2）。

图4–2　第一户第二进院落房屋

第二户位于建筑轴线（即公用廊道）的西侧，只包含一个院落，即第三院落。布局形式与第一户基本相同，入口也位于廊道处，入口处上部有突出的牌面装饰等。第三院落正北为主房，西侧为厢房。主房的屋顶与第一户第一进的屋顶相连，为硬山双坡屋顶。结构与第一户也保持一致，为木质梁柱结构。院落内踏步、门柱等均为同一种石材，有简单雕花，样式古朴简约。右侧厢房只有屋顶形式保持完整，其余部分均有翻新，外侧墙面为土墙。南侧有一棚子，仅保留了单坡屋顶结构。

第三户位于第二户之后，所在院落入口位于第一房外部，经询问是后期改造。第三户入口进去为一院落，即第四院落。右侧为新建的三座紧挨着的小房子。左侧经错落的台阶上去到达主房，屋顶与第一户第二进的屋顶相连，为硬山双坡屋顶。第一户第二院落的东厢房现为第三户使用，成为其西厢房。除此厢房的结构完整保存之外，第三户其余结构都为现代翻新的砖混结构（图4–3）。

已损坏的第三进地势更高，可以看到部分残留的地基，从而推断出这里曾经的房屋痕迹。基地内杂草丛生，无大型乔木。

图4–3　第三户房屋

（2）第二房

第二房是“诗书门第”，对于现状，从总体布局角度看，从入口上台阶，进入第一个廊道，廊道较宽，部分有屋顶遮蔽，且位于入口处，近似于过厅，向左向右可进入左右两个院落。沿着廊道前行，进入一个相对封闭局促的廊，而后进入左右院落，分属两户（图4-4~图4-6）。

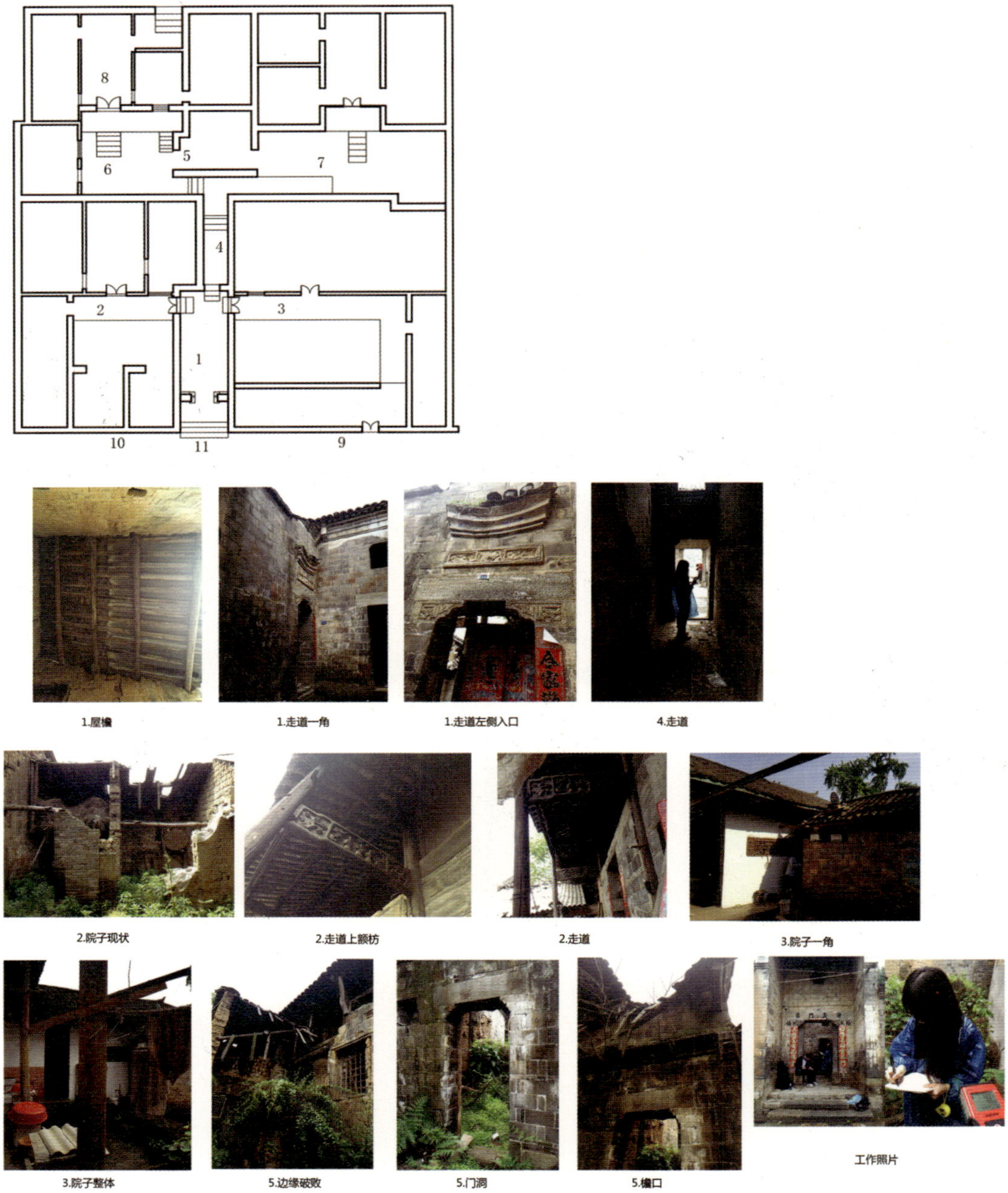

图4-4　平面定位图

图4-5 诗书门第

图4-6 雕饰细部

第一进向右的一户人家，目前还有一对年老夫妇居住，孩子已在大城市安家落户而他们还希望留在这里，养蜂是他们主要的谋生手段，他们是这一房唯一居住的人家。外形保留以前的样式，但内部除厨房和卫生间外全部翻新，平屋顶，混凝土白墙。第一进向左进入廊道，额枋倾斜，雕花不全，左边为天井，右边为三开间的主屋。天井里有三堵破损的砖墙，其内部填充土坯，有破损的顶，空间开敞，推测是过去存放农具或养殖家畜所用。天井的外部即临街主立面，墙身上部是砖，下部墙裙为大尺寸石块砌筑（图4-7），天井前是厨房，青砖砌筑。

第二进向左，进入一个大院子，可直接进入厨房（图4-8），或上台阶进入四开间主屋，有门可通往后面树林。目前看木结构完整，房间内墙有破损，采光弱，角落的屋顶不全。结构体系延伸到右侧建筑，右侧为三开间，靠里有二层夹层。第二进左右两院之间还有一个没有屋顶、墙身破损而围合出的空间，也位于中轴线上，廊道的末端。

图4-7　第二房临街主立面

图4-8　厨房

（3）第三房

第三房建筑多采用空斗砖砌法，墙内夯土，房屋为砖木结构。门巷位于建筑正中，门巷左边为第一户住宅，住宅门朝主街，为三开间，左开间墙壁有门洞，现已封堵，推测古时此间住宅与隔壁院落贯通，现今仍有住户入住。巷道为〈形，推测是为了保证门巷正朝着池塘（图4–9）。

由门巷进入，左边为第二户住宅，现已无人居住，门朝巷道开，有独立小院落，需上六个台阶到门廊（图4–10）。主房为三开间，主房左侧建有一厨房。巷道右侧，即正对着第二户住宅，为第三户，墙体已坍塌一部分，有屋顶结构痕迹，但屋顶结构完全塌落，现为菜地。由门巷继续往上走几步台阶，经过一道门进入第二段门巷，右侧为一较低矮砖房，为后来加建的厨房。继续往上走，正对一建筑大门，为第五户住宅，大门右

图4–9　第三房〈形巷道

侧建有一黏土砖砌成的柴房，柴房旁有一处平台，平台上搭有棚子，均为后来加建。该建筑大门左边有一墙，墙体上部有些已经坍塌，开有一门，从门进，为一小庭院，为第四户住宅，无人居住。第四户住宅位于第二户住宅正后方，隔有排水沟，两院落布局相似，住宅为三开间，有门廊，左开间前建有一厨房，紧挨第二户住宅。打开第五户住宅大门，为该住宅的中堂，右侧为一房间，较黑。穿过中堂，进入第六户住宅的庭院。第六户住宅庭院有高差，与第五户住宅之间隔有排水沟。该住宅与庭院已经荒废，庭院杂草丛生，房子为三开间，墙体有一部分为土墙，坍塌严重，屋顶破损。

第三房内部没有特殊或者年代久远的植株。总体来说，三号房中，第一户、第二户、第四户、第五户住宅保存较完整，需进行抢修性维修，第三户、第六户住宅破损严重，可进行改造或拆除。

图4-10　第二户主房

（4）第四房

第四房位于九房沟主街的中间位置，除却保存较完好的沿街砖石墙壁，整个第四房的建筑都经过大量现代化改造。就现状来说，第四房为单院落建筑，为一户所独占，建筑呈“匚”形分布在这一个院落之中，靠九房沟一侧建筑朝庭院方向墙面是纯现代化砌成的砖混墙体，左侧面向庭院的墙面同样是砖混墙体，正对大门的建筑体是纯现代化砌成的三层民用住宅（图4-11）。

第四房的沿街立面得到很好的保留，主体是悬山双坡屋面加牌楼式面墙的砖砌结构，屋顶以灰筒瓦铺面，前后出檐和两侧悬出部分都得到很好的保存，下部的砖砌结构是屋顶挑出的支撑处，与屋顶面呈一定角度。门洞处的柱础、石墩是由青石料构成的，石墩表面有雕花修饰。门框、门槛是由木料构成的。门洞处墙体都为砖砌而成，没有门券与雕花。进入院落之后，正对门洞的是新建的砖混材料建筑，左侧建筑墙面已经过砖混结构重建，屋顶是悬山单坡屋顶，与牌楼和第五房的建筑屋顶相交。院落右侧建筑双坡屋顶坡度不同，面向院落墙面是新砌的砖混结构屋面（图4-12）。

总的来说，整个建筑都已经过了大量的现代化翻新，可见的保留旧建筑样式的部位十分少。

图4-11　三层民用住宅

图4-12　砖混屋面

（5）第五房

第五房建筑是砖木结构，墙体是空斗墙（图4-13），青砖黑瓦，石质门墩门楣，门楼前有石条台阶。建筑左侧是一个不足2m宽的窄巷，具有防火的功能，巷子也是依照地势拾级而上，巷门同样面向主街。右侧前后都与旁边的房子相接，中部有一块空地，据房子主人说这里曾经是一个戏台。后来房子改建，中间院子经过拆除成为一个与左右相同的走道，不再属于建筑内部，因此建筑分离为前后不相连通的两部分，分别为两户所有。

前部的第一个院落基本保存完好，现已无人在此居住，门楼和正房是硬山架檩的双坡屋顶，左右厢房是由山墙和屋架支撑的单坡屋顶。大门门洞上方和门枕石上都有石刻雕花，但门枕石上的雕花年久风化，已经模糊不清，门下有高高的木质门槛。面向院子的正房明间的门与建筑大门形式相似，左右厢房的窗为木质格窗，但已部分损毁。正房内外的墙经过抹灰粉饰，已经不能看见原有的砖墙肌理。

后面部分属于另外一户，所有的房间都是双坡屋顶。第二进院子经拆除后只余正屋和左边一个小侧房，承重方式为硬山架檩（图4-14）。正房四间，中间两间墙体内收形成一个前廊，从右边房间内的台阶向上可以进入第三进院子。这一户的实际入口是巷子最上方面朝巷子的门，穿过入口的门进入的也是第三进院子。院子台阶之上的正房两侧山墙是三叠式马头墙，既能防火，又是身份地位的象征。正房的屋顶也有双层檐，下层屋檐主要是为了遮挡前廊，由柱子和屋架支撑。左侧厢房地面与正房齐平，也有外廊，但无屋檐遮挡。这一户除拆除部分外基本保存完好，但门窗都经过改造，不再是传统样式，大多数室内墙面也经过了抹灰粉饰，目前还有人居住。

图4-13　空斗墙

图4-14　第五房第二进院落

（6）第六房

第六房第一户的入口临街，且有翻修加盖的现象；中间的院落入口在整个排列主线的一侧，为第二户所有；最后一个院落为第三户所有，地势最高。

第一个院落在整个建筑轴线的开端，临主街的立面主体为一歇山双坡屋面加牌楼式面墙的砖砌结构，屋顶盖灰筒瓦，前后出檐遭到破坏呈现不对称的样式，下部的砖砌结构墙体与屋顶成一定的角度（图4-15）。门洞处的柱础、门框、门槛、门券均采用青石料，其上有一些雕花，具有一定的工艺水平。进入院落后，院落正对的是一栋新建的三层楼房，外墙为清水混凝土，平屋顶，铝合金框玻璃窗，且每层皆有开放式阳台。正对的另一侧为一硬山双坡屋顶房间，但是存在破损只剩下临街一面的墙，在屋檐下加建了一间厕所，一间厨房，同样为清水混凝土外墙。

第二个院落的入口在东北方向相对临街界面退了8m左右，第二个院落布局略为对称，两侧设有厢房，而室内与室外有外廊相隔，通过三级台阶使得室内外形成明显高差。厢房与主要的厅堂在内部是不联通的，房屋的梁柱结构均为木质，且保存较为完好。第二个院落建筑外墙有重新粉刷（白色青色油漆）修复的现象（图4-16）。

第三个院落其中一个入口在第二院落入口的北侧7m左右，也是可以由主街道直接进入的。但由此入口进院落需上九级台阶。第三个院落与第二个院落由于这个高差被明显分割。另一个入口在另一侧巷道的尽头。第三个院落平面布局较为对称，但立面错落有致。一侧厢房与厅堂内部相连，且此侧厢房的二层为以前防御抗战所用，现在借用梯子可以上去。外廊将两侧厢房与厅堂从院落内部联系起来，且厅堂外部的外廊有一排立柱，梁柱结构外露，可明显看到，但是有些许破损。

图4-15　第六房第一个院落

图4-16　第二院落外墙

三个院落的东侧有一条巷道，始于第一个院落的入口，尽头为第三个院落的入口。巷道依地势而升高，高差约2m。台阶和地面均为青石板，且在第二个院落与第三个院落交接处的六级台阶曾经是可以移开的，是当时地道的入口。

整个建筑的三个庭院结构布局相似，细节处的做法风格也十分统一，可以推断出，这三个院落在最开始修建时为一家所有，高低有致，结构统一和谐，视野开阔。现在房屋的主人也证实了这种关系，原本的三个院落同为一家所有，根据家庭中的辈分、地位高低居住在整条轴线不同的高度和方位。后来兄弟分家，保持原有的生活方式多有不便，于是第二个院落和第三个院落分别为两个兄弟所有，且入口处位于侧面，大门连通第一个院落为另一个兄弟所有，出入口保留在原来的主街的牌楼处。

（7）第七房

第七房在一次大火中焚毁坍塌，现只存部分台基的痕迹。

（8）第八房

第八房第一个院落（图4-17）在整个建筑轴线的开端，临主街的立面主体为一歇山双坡屋面加牌楼式面墙的砖砌结构，屋顶盖灰筒瓦，前后稍有出檐，下部的砖砌结构墙体与屋顶成一定的角度，暗合风水观念。门洞处的柱础、门框、门槛、门券均采用青石料，其上有一些雕花，具有一定的工艺水平。进入院落后，院落正对的堂屋采用封护檐墙，平开木门，两扇铝合金窗，左厢房为柴房，右厢房为厨房，左耳房作卧室。堂屋、厨房、卧室均以防水布盖顶。

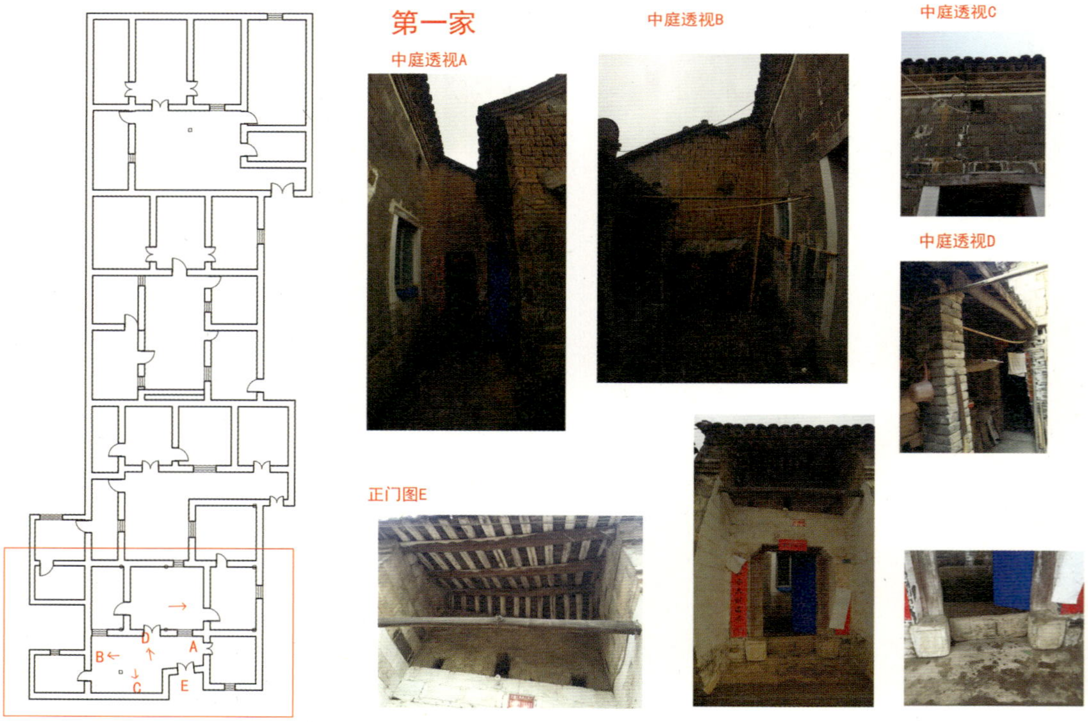

图4-17　第一家现状图

第二个院落（图4-18）的入口相对临街界面退了13m左右，朝向南方，第二个院落布局略为对称，室内与室外有外廊相隔，左厢房外接一加建红砖砌四方平顶屋，户主为一匠人。厢房与主要的厅堂在内部是不连通的，房屋的屋架结构均为木质，且保存较为完好。左耳房废弃破损。厅堂装修良好，以防水布盖顶。第二个院落建筑外墙有重新粉刷修复的现象，院落中可以窥见与第九房相隔的封火墙。

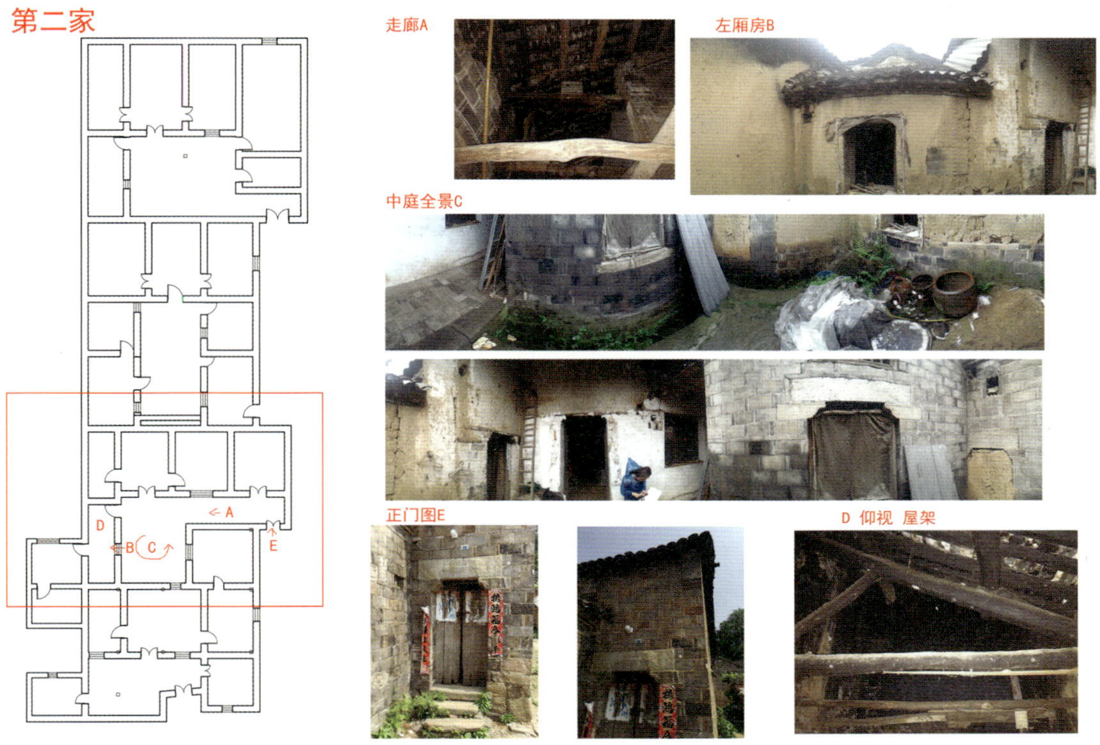

图4-18　第二家现状图

第三个院落（图4-19）的入口在第二院落入口的北侧7m左右，残留部分封火墙，侧向进入，朝向东方。第三个院落平面布局较为对称，但立面错落有致。其为四个院落中破损最严重的，现已无人居住。外廊将两侧厢房与厅堂从院落内部联系起来，且厅堂外部的外廊有一排立柱，梁柱结构外露，可明显看到，但是有些许破损。左厢房损坏极为严重，屋顶只留有部分屋架，且房内杂草丛生。右厢房、左右耳房均有不同程度的屋顶破损。

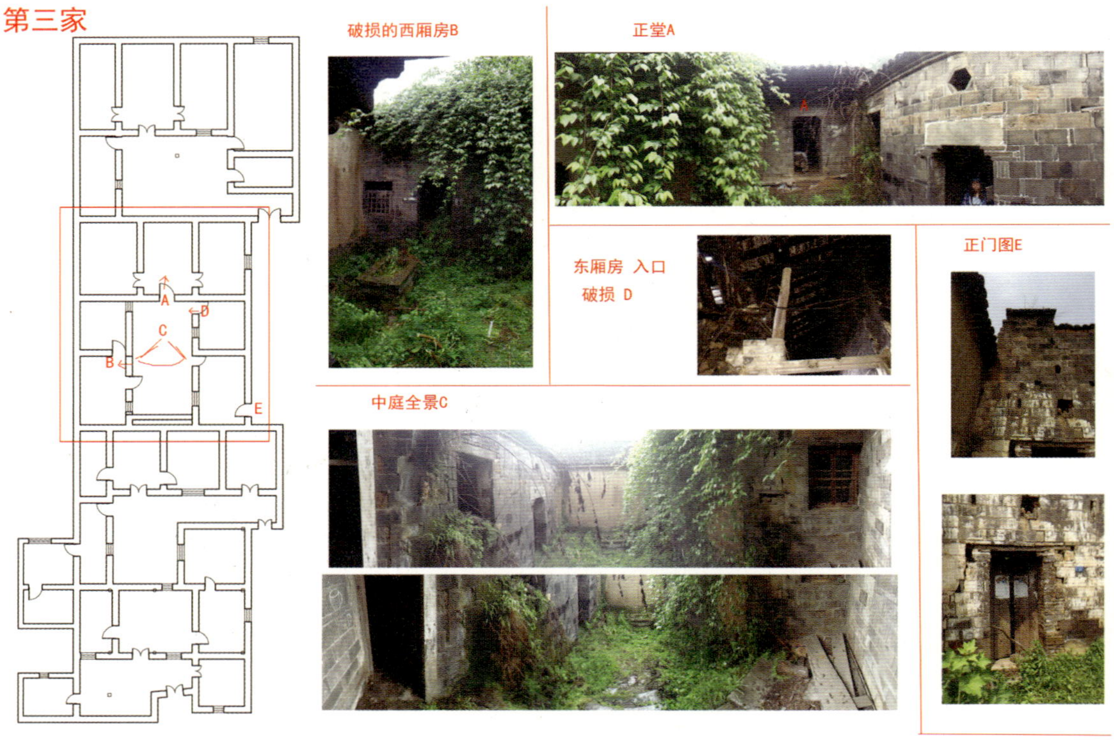

图4-19　第三家现状图

第四个院落（图4-20）的入口在第三院落入口的北侧14m左右，青砖加砌，五级台阶有明显高差，户主为退休教师。院落内有大量盆景，可略窥主人雅趣。正堂装修良好，内部粉刷，有吊顶。右厢房为砖砌平顶的

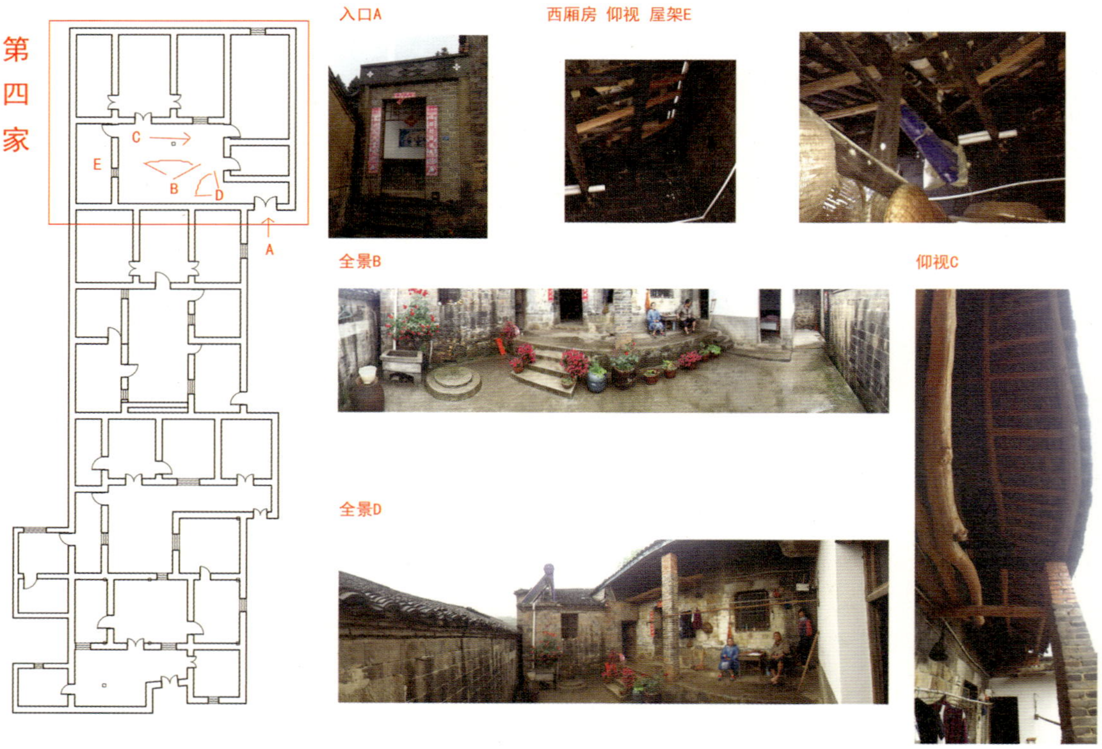

图4-20　第四家现状图

小屋，作卧室。左厢房为厕所，红砖加砌扩容。外廊将两侧厢房与厅堂从院落联系起来，且厅堂外部的外廊有一根立柱，梁柱结构外露，可明显看到。

三个院落的东侧有一条宽10多米的路，依地势而升高，高差约为4m，始于第一个院落的入口，尽头为第四个院落的入口。其上为原有的第七房。

（9）第九房

就现状来说，第九房整个建筑目前被分为独立的三户，前面的两院相互贯通，为第一户所有；中间的院落入口在整个排列主线的一侧，有多处现代翻修的痕迹，为第二户人家所有；最后一个院落为第四户所有，地势最高，在房屋背靠的山坡上还有一片花园式的田地。

第一个院落在整个建筑轴线的开端，临主街的立面主体为一歇山双坡屋面加牌楼式面墙的砖砌结构，屋顶盖灰筒瓦，前后出檐遭到破坏，下部的砖砌结构墙体与屋顶成一定的角度，门洞处的柱础、门框、门槛、门券均采用青石料，其上有一些雕花，具有一定的工艺水平。进入院落后，正对牌楼的为一硬山双坡屋顶厅堂，厅堂二层处有一位于墙体正中的镂空窗，具有一定工艺水平，院落两侧为厢房，一侧厢房结构与第八房相互连通。

穿过厅堂即到达下一个院落，第二个院落布局不对称，只有一侧设有厢房，而室内与室外通过五级台阶完成过渡，使得室内室外形成明显高差。厢房与主要的厅堂在内部是相互贯通的，房屋的梁柱结构局部有严重破损（图4–21）。

第三个院落和第二个院落由于后来改建用墙完全分隔开，第三个院落属于第二户居民，入口

图4–21　破损房梁

在整个建筑侧面的巷道，由原本在一侧的厢房进入。第三个院落除了整个的坡屋顶以及左侧厢房的结构还完整保留之外，其余结构全部为现代翻新的砖混结构（图4-22）。

第四个院落与第三个院落相似（图4-23），入口位于侧面的巷道处（图4-24），由侧边厢房进入，第三个院落和第四个院落由一现代改建砖墙完全隔开，院落和室内有明显高差。院落内的踏步、柱础、门槛、门券、铺地均采用同一材质的石料，有简单的雕花，花式简单朴素，但完全符合中国传统审美比例和做法。堂屋靠山一侧设有一个后门，由一部陡峭的楼梯通往后山，后山的坡度天然形成了一处花园式的空间。在这处空间的地面处能够清楚地看到残留的地基，可以推断这里曾经的房屋痕迹。位于楼梯的两侧有两棵树龄超过200年的古树。

整个建筑的四个庭院结构布局相似，细节处的做法风格也十分统一，可以推断出，这四个院落在最开始修建时为一家所有，前后整个相互贯通，高低有致，结构统一和谐，视野开阔。第四户房屋的主人也证实了这种关系，原本的四个院落同为一家所有，根据家庭中的辈分、地位高低居住在整条轴线不同的高度和方位。后来兄弟分家，保持原有的生活方式多有不便，于是第三个院落和第四个院落分别为两个兄弟所有，且入口处位于侧面，第一个院落连通第二个院落为另一个兄弟所有，出入口保留在原来的主街的牌楼处。

图4-22　砖混结构房屋

图4-23　第三、四院落侧面

图4-24　侧面入口

二

颜氏祠堂主要部分为砖木结构，面阔五间，两重，屋檐较精致，有山花，硬石基础，青砖墙体，墙体上后来曾写有红漆字样。东西两侧墙体上有线脚形式的雕花，东侧部分的雕花部分缺损。祠堂为抬梁式梁架，部分梁架上附有雕花。有一长方形内院，现已长满杂草。祠堂为小青瓦屋面，面积约149m^2。地形由南向北逐渐升高。一进祠堂，两边各有一块方形碑文，进门左边写着九房沟六房重修支祠碑记，是光绪年间修缮祠堂时留下的，右边的碑上记述着捐赠者的姓名和捐赠数目。祠堂西面也有两块碑，一块记述祠堂后曾作为中原解放区礼山自治县政府旧址，一块写着祠堂概况。

祠堂外立面的窗户基本用砖封死，内部窗户破损较为严重，只有两扇窗户留有雕花（图4-25）。祠堂内部可分成5个房间，后面3

图4-25　公祠手绘立面图

个房间与前面的房间有明显高差，后方房间左右两边为拱形门洞，其中一个房间的屋顶基本完全坍塌。

祠堂两边的附属建筑是后期加建的，为一个住房和一个柴房，屋顶与祠堂后方的屋顶相连，但与主要建筑并没有结构上的联系。西侧的住房完全是土做成，东侧的柴房则是和祠堂相似的青砖做成。

宗祠是历史村镇居民处理宗族内部事务、执行族权、祭祀祖先的场所。作为村落最重要的建筑类型，祠堂选址是非常讲究的，往往坐落于村落的风水吉地。宗祠作为家族精神体现的重点建筑物，立面形式追求庄重威严的效果，以显示出宗族的权势和威望。颜氏祠堂背靠山体、面临小溪，坐北朝南，面阔五间，采用两进天井，正门屋顶高起，层次丰富。建筑内部为抬梁结构，建筑外部为硬石基础、青砖墙体（图4–26）。

图4–26 颜氏祠堂

三

位于村口的牌坊遗址、青龙台遗址以及土地庙遗址构成了村口引导空间，使得古村落更有历史韵味，使人在刚进入九房沟之时，便油然生出浓浓的乡愁（图4–27、图4–28）。

图4-27　村口遗址（一）

图4-28　村口遗址（二）

第二节　建构特色

一

屋架系统的普遍做法是穿斗式，少数大宅为穿斗抬梁式。九房沟当地穿斗式做法多是直接将檩条搁在两侧山墙上，山墙上缘留有凹洞，檩木可插入墙体，屋顶的重量直接由檩条传至承重墙（图4–29），而这承重墙同时也是两间相连房屋的共用墙。穿斗抬梁式做法是将梁插入两端的瓜柱柱身中，层层叠加，最外端两瓜柱骑在最下端的大梁上，大梁两端插入前后檐柱柱身。两种做法均以梁承重传递应力，檩条直接压在檐柱和各短柱的柱头上，部分梁柱仅起拉接的作用。采用当地做法，屋架构件均较粗厚（图4–30）。

图4–29　檩条承重

图4–30　屋架

二

九房沟主体建筑群建筑外立面与院落之间的分隔墙皆为常见的空斗墙，墙基部分以青石条或碎石块砌筑，铺砌形式主要为一眠三斗和一眠五斗（图4–31）。

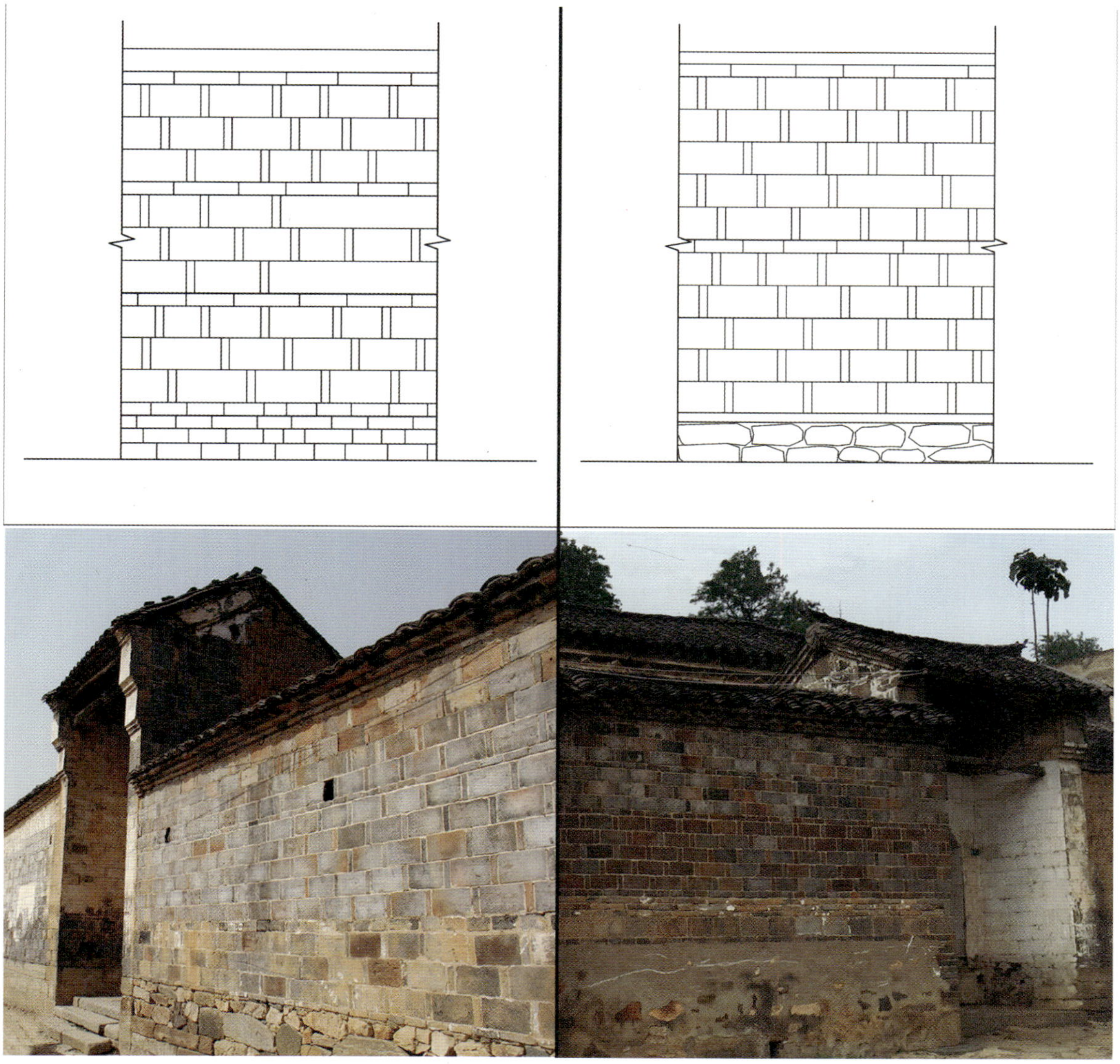

图4–31　一眠三斗和一眠五斗墙

临街主立面为一歇山双坡屋顶加牌楼式面墙的砖砌体结构，牌楼屋顶盖灰筒瓦。其他建筑多为悬山屋顶和硬山屋顶。悬山屋顶（图4-32），山墙面十分简洁，不做过多装饰，屋檐出挑，有两面坡对称，也有根据房屋自身尺寸调整做成一面长坡一面短坡的形式。硬山屋顶（图4-33），山墙部分多有墀头，屋面出挑，保护临街面木板墙身不受雨水侵蚀，屋面没有起翘和弧度，且坡度较缓，利于排水。

图4-32 悬山屋顶

图4-33 硬山屋顶

第三节　建筑适应性

街巷结构决定了其建筑以东、西为主要朝向。背街立面显得相对封闭厚重，墙体厚约50cm，均采用大部片石垒砌，上部2～3层灌斗墙体采用与屋檐相接的做法。每户后墙上不开窗，极少开门洞，即便开门洞，也是不足1m宽度（图4-34）。背街立面的外部形象如此，主要是出于安全考虑，以防盗匪为主要目的。墙厚窗小的构筑方式同样还可使室内保持相对稳定、适宜的温度，同时也适应于九房沟当地冬冷夏热的气候特色。

传统民居的密集建造是有组织的密集建造，有组织的密集建造兼具遮挡和通风的优势。通过建筑整体的合理布局形成通道，组织良好的通风迅速带走热量。而古镇双桥街两侧建筑物同山共脊的拼合方式，十分有利于天井内热空气的排放。由于共脊的拼合方式，天井纵向成一线，而两侧的坡屋顶恰好形成空气通道，从而迅速带走经由天井上升的热空气。

天井院是九房沟民居的一大特色。与湖北传统民居相似，九房沟建筑都带有天井，只是其第一、二进天井面积较大，已形成天井院格局。不同于北方院落天井院进深较小、横向延展较开，九房沟的天井院既具有天井的拔风效果，又有堆场、小晒场功能，同时还是一家人聚集休憩的场所。在九房沟当地，通过在院内设置台阶，天井院还能起到调节高差，整合全局的作用（图4-35）。

图4-34　背街外墙面

图4-35　天井院落

第四节　建筑装饰

不同于徽州地区“粉墙黛瓦”的建筑形式，九房沟古村落的外墙多是青石勒脚、青砖砌就一面清水墙，灰瓦屋面，在屋脊檐下、墙头等重点部位做一些装饰，但色泽淡雅，在屋檐与屋面交界处常施以白色边线，画上黑色卷草，或者交界处接以石雕，使轮廓醒目（图4-36）。造型特征主要体现在建筑入口的处理，建筑外墙材质的变化，屋顶以及随屋顶起伏的山墙，细部门窗上。

图4-36　外墙装饰材质变化

建筑入口是建筑的门面担当，是民居造型的重点处理部分。村落内居住建筑多为三开间或五开间，建筑入口均设在中轴的明间上（入口处理方式详表4–2）。

表4–2　入口处理方式

处理方式	目的	图示
在门上方做石雕	强调入口空间	
入口处外墙向内收进1~2m，但檐口不退，形成高大的入口门斗	过渡内外空间	
入口仍向内收进1~2m，同时入口处屋顶升高	升高的屋顶与两侧的马头墙使建筑入口更为醒目，增加入口空间层次，也使建筑群天际线更丰富	  
主入口的门不是平行地安在主立面墙体中，而是刻意偏转一个角度安装	使得“歪置”的大门能对着远处的山坳，这个在风水上称“望山”，是风水观念在建筑入口上的体现	 

九房沟村落中建筑入口的装饰也别具特色（图4–37、图4–38），一是门楣上的匾额与民居有机地融合在一起，犹如画龙点睛，表达着房屋主人的愿景。位于九房沟的一住宅入口有匾额“诗书门第”，匾额直接书于大门顶正中墙上，中间辅以石雕点缀，算得上一处不可多得的书法工艺品，令人赏心悦目。二是门楣上的装饰形式多样，有石材、木材等。尤其以石材装饰居多，一般会在门头上的过梁和过梁下的门框交角处施以雕饰，非常精美，门两旁多有一对抱鼓石。

图 4–37　建筑入口装饰（一）

图4–38　建筑入口装饰（二）

二

（1）外墙材质

九房沟建筑，同一面墙在不同高度上往往采用不同的砖砌筑方法，墙面底部为石材砌筑，上部则采用砖墙砌筑，底部采用较为密实的顺砌砌筑方式，而上部则采用空斗砖墙合欢的砌筑方式（如图4–39~图4–41）。这种做法一则使基础更稳固合理，也满足了防潮的要求，二则更为经济。这种分段砌筑的方式不仅显示出砖墙砌筑的建构理性，而且也使墙面富于变化，呈现出更多的肌理和美感。

图4-39 规整石条墙基，上部青砖

图4-40 青砖砌墙

图4-41 规整石条墙基与山墙相接

（2）装饰形式

九房沟传统民居墙垣的装饰主要集中在墙面砌筑、山墙装饰以及檐口装饰形式三个方面（表4–3）。

表4–3　装饰形式列举

类型	图例、照片		简述
墙面砌筑形式	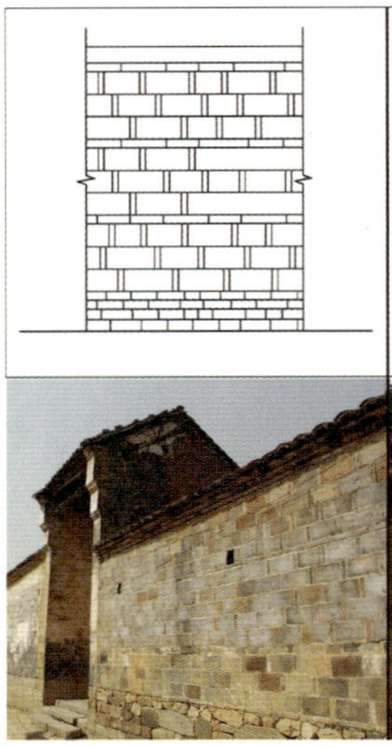 一眠三斗	 一眠五斗	九房沟主体建筑群建筑外立面与院落之间的分隔墙皆为常见的空斗墙，墙基部分以青石条或碎石块砌筑，铺砌形式主要为一眠三斗和一眠五斗
檐口装饰类型	 菱角檐	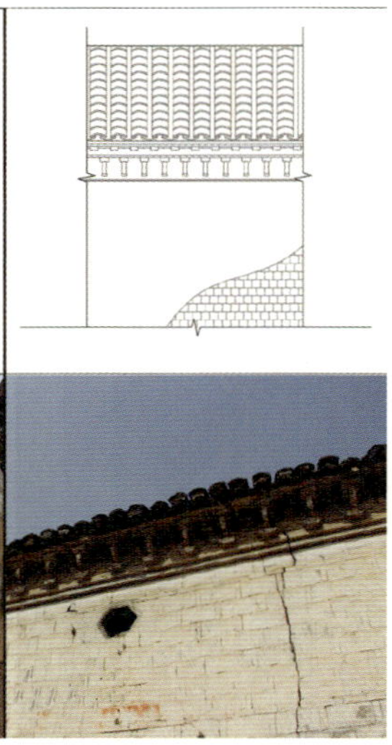 灯笼檐	九房沟建筑中檐口以砖檐形式出现，主要有两种类型：①菱角檐，檐下砖成三角形式并列组合出现，也与其他装饰形式结合出现；②灯笼檐，主要通过卧砖与立砖叠涩出T形的灯笼形式，支撑屋檐口，简洁明朗，两两之间通常绘制彩画或砖雕

续表4-3

类型	图例、照片	简述
山墙装饰类型	 山形  阶梯形	①山形山墙，主要集中于院房主入口门楼以及祠堂两侧山墙，九房沟村落中十分常见； ②阶梯形山墙，只运用在五进房院落内主屋的西侧山墙，为“三花山墙”，类似封火山墙，起到一定的防火作用

三

九房沟村落建筑屋顶同样受江西文化影响，屋顶组织排水大多是坡向天井排水，以达到“四水归堂”的风水效果。为了防止飘雨和顺利排水，屋顶坡向天井的檐口一般出檐较大，而外部的出檐多用三四皮砖叠涩做成小檐口。屋面几乎都用小青瓦覆盖，且小青瓦屋面坡度比较平缓，坡度多为五分水或四分半水，整个屋面平缓舒展。但对屋脊的装饰和美化不是特别重视，简单的屋脊就用小青瓦累叠，两端起翘。仅在建筑入口处或者是祠堂等公共建筑屋面上，屋脊会用瓦搭成各种空花纹状，如钱纹、三菱形花纹，或者使用花砖瓦脊。九房沟祠堂屋脊用小青瓦搭成三菱形花纹，在墀头屋脊及入口屋脊上使用花砖砌筑，且屋面做举折，整个瓦面曲线优美（图4-42、图4-43）。

图4-42　山墙一览

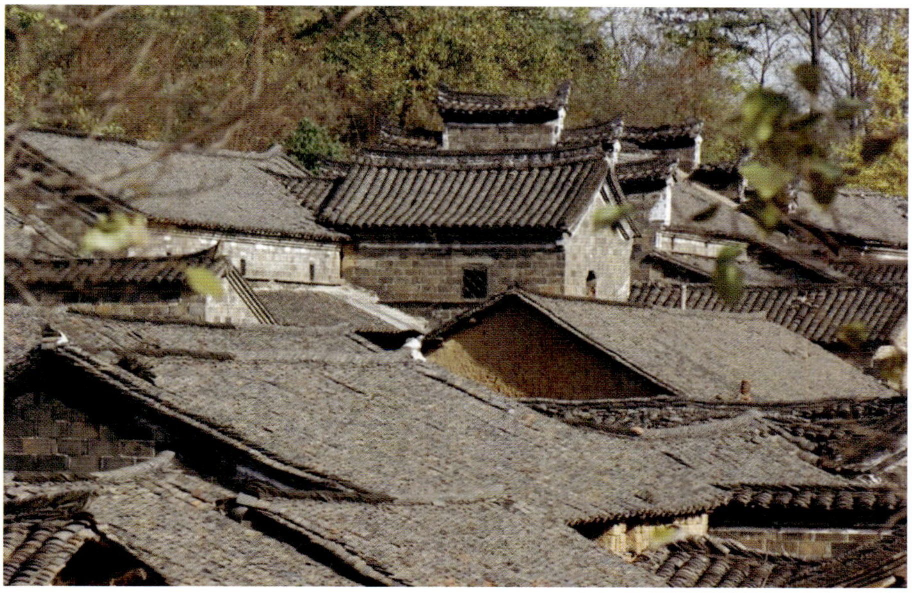

图4-43 屋面

九房沟传统民居屋顶形式以山形硬山式和悬山式为主，屋顶的装饰主要集中在屋脊线、脊端两处，装饰材料多以砖瓦为主，局部地区使用鸱吻装饰（图4-44），具体表现在以下两方面：

（1）屋脊线装饰

装饰做法较为简单，屋脊线多以立瓦叠涩形式出现，或以花砖顶形式出现，砖雕手法采用透雕形式，内容题材以植物花卉为主。

（2）脊端装饰

脊端装饰常用瓦装饰替代，脊头处用瓦或砖垫高，用若干瓦反扣，呈花瓣样式包含屋脊两端。形式简洁美观且不乏向上升腾之势。

图4-44 屋顶装饰

四

九房沟传统民居门的形式主要有门楼式、门罩式与隔扇门式，分别位于各进房屋入口、各院落出入口以及建筑檐廊处。窗的装饰形式主要有檐下通风窗、石漏明窗以及槛窗。具体详述见表4-4。

表4-4　门窗装饰形式表格

门类型	图例、照片		简述
门楼式	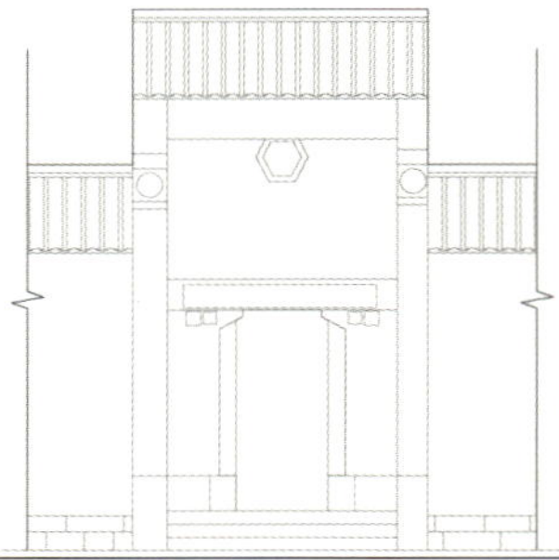		九房沟门楼式门最具有本地特色，常根据宅主人生辰八字、周围环境等风水学理论，确定门的倾斜角度；门楼上常开有形式多样的通风洞口，洞口周边多彩绘装饰；门楣、门枕石多采用砖雕石刻装饰
门罩式	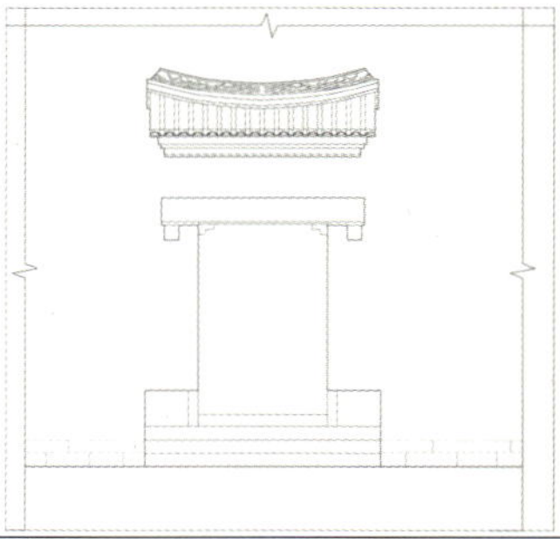		九房沟村落中门罩式门多位于院落入口。门罩式是门楼中较为简单的一种，门罩通常只是在门头墙上用青砖垒砌出不同的形状，在顶部砌出仿木结构的屋檐，并雕刻装饰
隔扇门式			九房沟村落中的隔扇门位于各进房主屋两檐柱间，以六扇为主，格心为如意样式棂花与套方样式的结合。现建筑内隔扇门保存较完整的有一进房和二进房

续表4-4

窗类型	图例、照片			简述
檐下通风窗	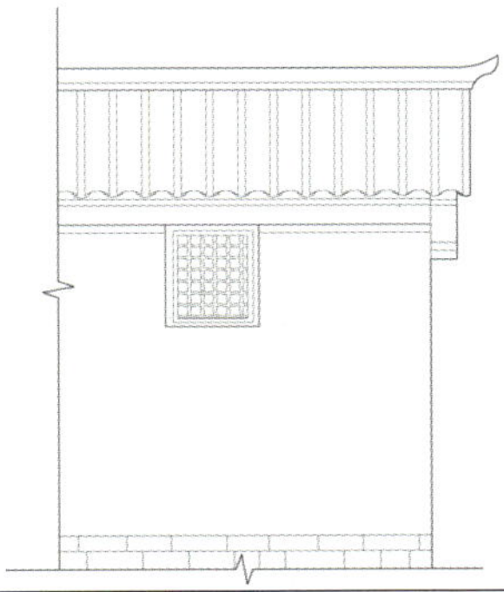			檐下通风窗，位于檐口或山墙拔檐以下，窗的形式有多边形镂空窗、方木格窗等形式
石漏明窗	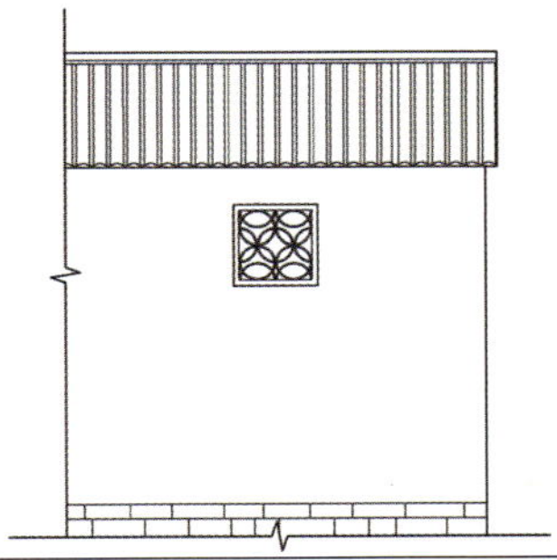			石漏明窗，格心以通透为主，利用瓦片的堆叠与拼接形成多边形、四瓣花形等样式，三要集中在六进房绣楼院落
槛窗		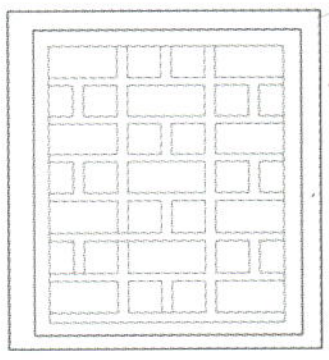		槛窗，多位于院落正厅两侧墙上身，窗扇格心装饰较为简洁，多以横竖直棱方框出现

五

九房沟的建筑细部装饰十分精美细致，从侧面体现了当时颜氏一族的富有和九房沟曾经的繁华。村落建筑中彩绘装饰运用较少，但其运用对梁柱有着极大的保护作用，使得饱经风霜的立柱横梁免于潮湿风化腐蚀的侵害。村落中大量采用了各种雕饰装饰细部，雕刻题材内容丰富，有动植物花纹、历史传说故事人物形象等，墙上的砖雕（图4–45）、台基阳台石栏杆上的木雕与石雕（图4–46、图4–47）、门罩上的砖雕（图4–48）副阶乳栿上的木雕（图4–49）等，都体现出了当时匠人的精湛技艺以及装饰艺术的美轮美奂。

图4-45　墙上的砖雕

图4-46　栏杆上的木雕

图4-47　石基上的石雕

图4-48　门罩上的砖雕

图4-49　副阶乳栿上的木雕

第五章　方兴未艾：保护与发展

题记：在当前城市化进程和乡村产业结构调整的语境下，九房沟传统村落也不可避免地遭受冲击和影响，引发了一系列的问题，如人口流失、老龄化导致的“空心村”现象；古建筑空置、缺少维护导致的质量问题；后期加建扩建造成的村落风貌格局协调问题；基础设施与配套设施匮乏问题等。如何对具有独特历史文化价值的九房沟传统村落进行很好的保护和开发利用，这些问题的解决至关重要。

九房沟传统村落位于湖北省孝感市大悟县丰店镇桃岭村，始建于明末，距今已300多年。九房沟传统村落于2014年入选第三批中国传统村落名录，并于2015年被列为湖北省文物保护单位。然而相较于周边区域的其他历史文化名村，九房沟的保护与发展相对滞后，村落经济也较为落后。尽管其村落文化景观资源较为丰富，但并不突出，自身的保护现状也较为一般。村民都渴望通过挖掘自身的优势与资源，改变村落没落、萧条的面貌。对于这样一个资源优势并不是特别突出、经济发展相对缓慢的乡村，如何通过一种经济、适用的方式实现其保护和更新，实现传统村落的可持续性发展，是亟待解决的问题。

第一节　现状分析

九房沟现状可从自然环境、人文环境、人工环境三方面来进行分析，具体见表5-1。

表5-1　九房沟现状

自然环境		人文环境		人工环境	
山体	小悟山、面前山、寨基山对村落起围合作用，村落天然的屏障	区域文化	受赣文化影响，但损坏严重	建（构）筑物	多为三至五进式院落，九房一祠堂
水体	村落内有水塘，村外不远处有丰店水库，水资源丰富	风水	负阴抱阳、背山面水	交通	从西面G4京港澳高速转宣悟线或是从南面走304省道穿毛新线、新彭线、宣悟线可到达九房沟
气候	北亚热带季风气候区，四季分明	血缘	颜氏一族，家族遗产型村落，但没有最大化体现出家族遗产型村落的特色	广场	没有较大的聚集广场使村落没有一个核心，也缺乏生机活力
石桥	有年代感，连接农田与村落建筑，是村民生活的过渡处	人口	只有一些老人留守，承载着外出务工人员的乡愁	街巷	一街十一巷，依当地地形坡地而建
农田	与水塘相结合，呈现出一派丰富多变的田园景象，也维持着现居村民的生计	革命传统	民国时在大别山出现的革命烽火虽未直接在这里燃烧，但一些革命者的会议却曾在这里开过，湾子东头朝向家族墓地的祠堂一度成为革命者的办公场所	公共设施	无垃圾回收站，电线裸露，排水系统不完善，没有停车场，没有消防设施，通信不发达
景观	山、河流、农田、植被、街道、墀头、建筑等，形成多景观界面				

第二节　问题分析

九房沟的保护与利用所面临的困境见表5-2。

表5-2　九房沟保护利用的困境

主要问题	现象描述	图片
“空心村”现象	（1）九房沟传统村落人口流失严重，村内的老龄化程度高，大多数年轻人外出打工或者已在城市定居； （2）在居住产权方面，许多老宅子被划分为很多小院落，为不同的村民所有，而真正在使用的往往一户里头只有一到两家，其他大多处于空置状态	
建筑质量问题	（1）村落内老建筑大部分都有不同程度的损毁，出现了墙体开裂霉变、木质梁架腐朽、屋顶瓦面剥落等现象； （2）少量院落内建筑出现大面积墙体坍塌、屋架损毁，如第七号院落则已完全坍塌消失	
建筑风貌协调问题	（1）局部院落出现了不符合当地特色的民居建筑，主要表现在一些原来破损严重的老建筑的基址上，当地居民缺乏保护性意识，盖起了自建房； （2）居民对于老建筑进行现代装饰改造，如对建筑墙面的粉刷，地面的硬化铺贴面砖装饰等	

续表5-2

主要问题	现象描述	图片
基础设施与配套设施匮乏	（1）卫生条件落后，建筑内大多没有设置卫生间，主要集中在风水塘一侧布置卫生条件较差的简易厕所； （2）村落内的排污系统也年久失修，局部建筑内排污沟渠堵塞。此外，雨污排水系统共用，污水直接排放到了村落前的水塘内，造成水塘环境污染； （3）缺乏规范的统一垃圾收集点及垃圾箱，居民习惯性地把垃圾倾倒在水塘及田埂边，不仅容易产生臭味还污染环境； （4）村落前的石板路面低洼不平整，局部地段出现了小范围坍塌，影响居民日常出行及安全	

—

"被纳入湖北省第六批文物保护单位的大悟县丰店镇九房沟古民居建筑群现在大多已年久失修，瓦落墙倒，危险重重。"根据"颜氏宗谱"记载，九房沟民居始建于明末，为颜氏五世祖所建，距今300多年。建筑多为砖木结构，由于建筑年代久远和地理位置较为偏僻，如今不少九房沟民居无人居住，甚至有部分建筑由于年久失修出现坍塌的情况。这类建筑不但没有得到及时修缮，反而被人为二次毁坏用于圈养牲畜。正是地理位置的偏远和传统建筑的未及时保护和修缮，加之当地居民的不合理使用，加快了其破损的速度（图5-1）。

图5-1　建筑老化现象

二

九房沟传统村落在基础设施建设方面存在严重不足，九房沟村落内建筑大多以砖木混合结构为主，村落内建筑内部线路架设混乱，极大地破坏了村落整体风貌，同时对村落建筑及居民的安全也造成重大的火灾隐患。

传统的排水沟渠管道因疏于清理堵塞现象严重，天井的排水过于形式，“井”底自室内地坪下沉成为一个“池”，也称“天池”，天池的作用是收集生活费水和雨水。通常生活废水和雨水排入天池后，再一并排入暗沟。暗沟从地下将各个天井的排水沟连接起来，将废水集中收集起来后，从低于户内地坪的墙基排水口处排至户外明沟。然而，九房沟中大部分村落天井中均无天池，即使有也不讲究装饰性，明沟和暗沟在九房沟就更少见了，村镇并没有一套完整的排水系统来组织镇区排水。

电信及网络的线路基本没有考虑。因此，对于村落基础设施的改善主要从管线的整体规划设计着手，按照相关的设计要求合理布置管道走线、大小及间距，解决隐患的同时消除混乱管线对整体风貌的不良影响。

三

村落中的广场、街巷、节点空间及村落周边的山林、水源、田地等为村民各类活动提供了场所，如村民世代耕作的田地，每天取水的山泉、古井，举行节庆民俗活动的广场等，由此可见，对村落的保护也是对与村民生产、生活息息相关的公共空间的保护；而公共空间的有效利用与活力提升，也会为村落文化传承与发展增添活力。然而，村落中没有可供大型活动的空间，小型集会的场所也比较罕见，唯一的公共活动空间恐怕只有街巷了，这从另外一方面反映出了“空巢”现象的原因。

九房沟村落内居民建筑功能待完善，许多住户缺少独立的卫生间，在村落建筑的周边及空旷地带随意搭建简易旱厕。只有村落主街的尾端有一处简易露天垃圾池作为垃圾集中收集点，甚至还有许多住户习惯性的就近往主街道路边及风水塘内倾倒生活垃圾。公共照明设施部分，九房沟传统村落目前仅在村落入口处设置一处小型路灯，且因年久失修已无法正常使用。这些公共设施的稀缺不仅给当地居民生活带来不便，也影响了村落整体风貌。

四

九房沟传统村落道路系统的问题主要集中在以下三个方面，即：

（1）九房沟联系外界的主路虽然前几年已改为水泥路，但局部道路过窄不方便通行，且道路路况较差，局部路基、路面损毁严重，难以满足未来发展需要。

（2）村落前青石板路由于疏于保护与整修，甚至出现部分条石被村民撬出挪作他用，整体地面凹凸不平，出现大面积的坑道，碎石黄泥随意堆积，雨天出行极不方便。

（3）村落中连接各院落间的巷道依地形山势呈阶梯状铺设，但由于天气原因以及疏于保护修缮，很多地方出现条石台阶错位损毁，局部地区泥土裸露，长满青苔，给村落中老人与小孩的出行造成极大的隐患，同时对排水系统及建筑墙基也造成一定的影响。

五

鉴于九房沟村落独特的鱼骨结构的街道巷道、交织的传统空间肌理以及复杂的木结构古建筑，因此在消防设计的策略上需要有别于一般的城镇区，需要在维护其原始构架的基础上，充分利用现代消防技术尽可能完善村落的消防系统，以提供更为全面的保护。

第三节　保护和发展构想

自然环境是传统村落赖以存在的物质基础，在传统村落长期的发展过程中，自然环境已渐渐融入古镇的总体格局中，成为历史环境重要的组成部分。作为传统村落的背景，自然环境必须纳入古镇的保护体系中来。其具体的保护措施有：加强山体的保护，减少开采；加强污水治理工程，减少废水排放；加强对农田植被等的灌溉，防止荒废干涸。

传统村落个性取决于它的体形结构和社会特征。作为空间艺术的建筑物与城市环境，离开了内部的人文活动，就意味着丧失了许多重要的历史信息。所有能说明传统村落的社会和民族特性的人文活动都必须保护起来。要形成以颜氏文化以及文物为中心的人文环境保护单位，增设公共文化交流场所以及展览区，在保护的基础上传播与发扬颜氏文化。尝试从乡村文化体验的角度介入展开，将村落居民日常生活、农耕体验、乡愁文化情怀融入村落建筑的保护发展设计之中，既保存了村落优秀的物质文化遗产，同时也活化了村落的文化氛围。

人工环境保护是古镇保护的一个重要内容，需要从政府、文化、技术三个不同层面来实施微介入式保护（表5-3），具体为：延续“九房一祠堂”的空间格局；设立各个层面保护区；整顿村落整体风貌。

表5-3　微介入保护利用模式类型

类型	介入对象	方式		相关联系	备注
政府层面导向性微介入	市政基础设施与公共配套服务设施	（1）由政府主导前期投入实施； （2）由外及内开展，同时避免对村落格局过度干预和介入； （3）结合不同时期适时做出相应调整		（1）政府前期导向性的微介入为九房沟保护利用的后续开发奠定基础； （2）后续开发利用的定位与具体实施同时适当反馈指导公共配套服务设施的完善	三个层面的微介入之间是一个循序渐进同时又互相弥补的过程，在提高居民的生活质量、带来利益的同时，激发村民参与传统村落保护与更新利用的自发性，为实现传统村落保护利用的可持续性发展提供一个参考
文化层面体验式微介入	（1）九房沟村落整体格局	（1）微定位：在乡村产业结构调整大背景下，九房沟村落结合自身空间、山水格局及其建筑特色，定位于村落文化旅游体验	（1）乡村旅游？ （2）民俗体验？ （3）博物展示？		
	（2）局部破损较严重、荒废空置院落	（2）微复原：以原有的院落尺度为参照，以当地的材料为主修复破损主体结构，恢复其最基本的储藏、展示功能			
	（3）保存较完好的建筑单体和周边建设控制区域民居	（3）微置换：在取得与原住居民协商统一意见后，经过微改造，从立面、铺装、材料等细节入手，置入协调但又新鲜、活泼的元素和功能，通过功能置换打造出以民宿体验、乡村旅游为特色的文化体验区			
技术层面修复性微介入	（1）损毁较严重的建筑屋架、结构	（1）微修缮：以原有尺度为参照，修缮屋架；更换损毁梁柱	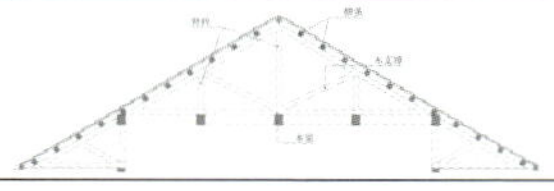	（1）九房沟以文化旅游体验为主的定位，对后续的具体技术性修复介入提供方向指引； （2）技术性修复微介入同时对九房沟打造以民宿体验、乡村旅游为特色的文化体验区提供一定技术支持	
	（2）破损坍塌墙体	（2）微填补：对墙体缺失部分以原有的街巷尺度为参照，通过对体量的控制谨慎地进行填补，恢复整体脉络格局	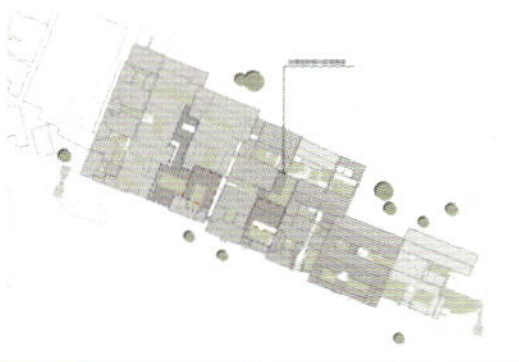		
	（3）后改建、加建建筑	（3）微整合：对后加建、改建部分进行拆除，力求原貌本真性展现，去除安全隐患			

一

九房沟的街巷、院落、建筑，共同支撑起它“九房一祠堂”的空间格局。延续“九房一祠堂”的空间格局，就要从这三个方面着手考虑。

首先要拓宽支巷，完善道路系统。出入九房沟村落的联系道路，从宣悟线县道至九房沟村落入口处大约有5.2km，全程为简易水泥道路，路宽约3m。考虑在急弯道及坡度较大的地段适当进行拓宽，对容易坍塌的路段基础进行加固及简易护坡修建，在每隔1km处设置交错会车场地，同时布置相关交通安全警示牌，为满足九房沟村落长远发展打好基础。村落前的青石板路以及院落间的巷道石板台阶的修缮则可以采取统一的方法，在充分尊重村落原有路网结构、巷道空间并考虑消防安全措施的基础上，寻回原始的被挪作他用的条石路面进行复原。对于坍塌凹陷的部位，撬出青石板进行路基夯实后再重新铺装；对于缺失的部分则考虑利用当地相近的材料用相同的铺筑方式进行补齐。同时对整体村落内部道路系统进行清理与维护，并结合绿化及简易休憩石凳等景观小品进行局部道路装饰，方便使用的同时也可美化出行环境（表5–4）。

表5–4　九房沟现状

道路系统类型	道路修缮结构大样图	道路现状实景照片
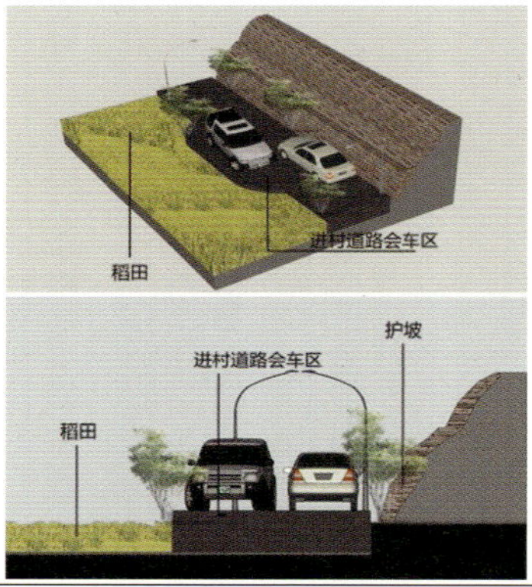	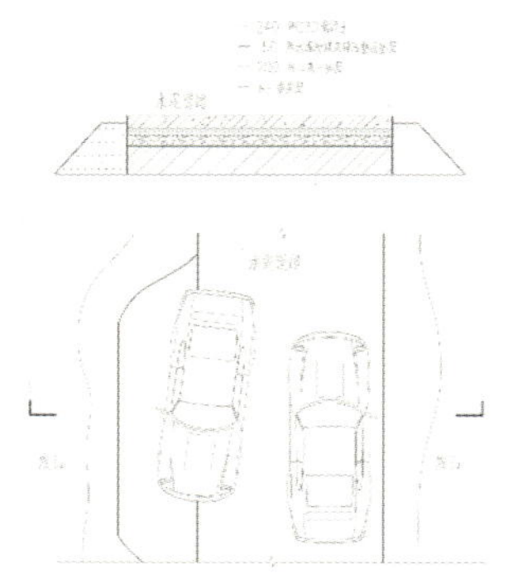	
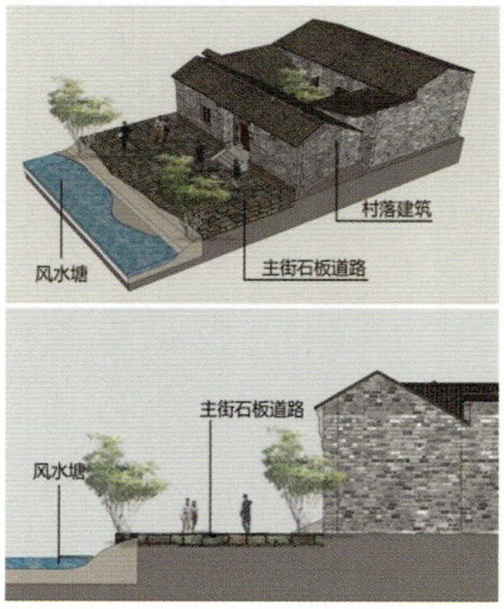	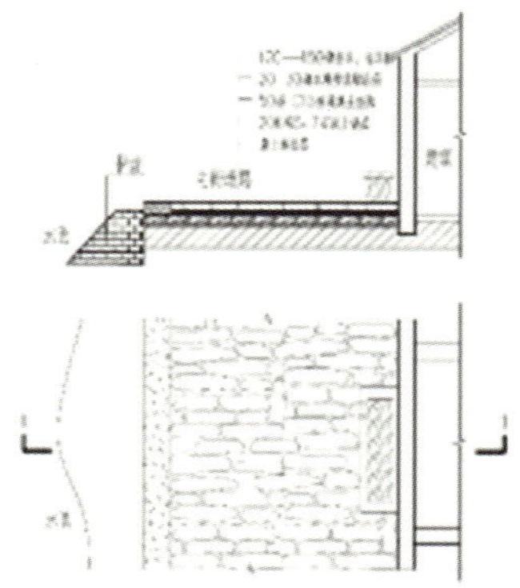	

续表5-4

道路系统类型	道路修缮结构大样图	道路现状实景照片
 	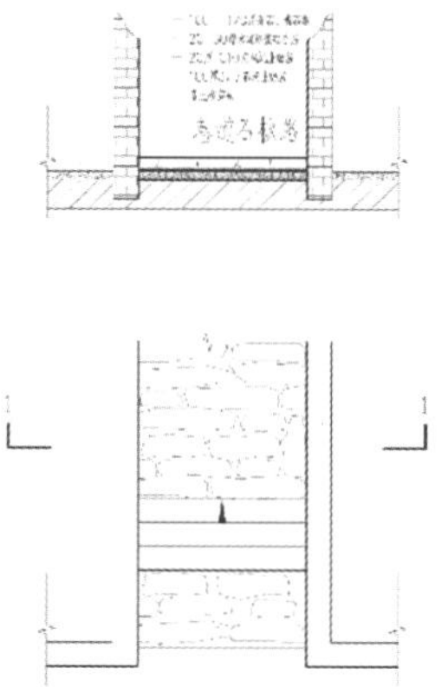	

其次，建筑围合而成的院落空间，不仅仅起到采光作用，也是联系各户的一个公共空间和休闲娱乐的内部场所。更重要的是，古村落的天井院起到排水作用。院落的修缮保护势在必行，建立完善的天井排水系统，在大的院落中设立戏台等，都会增添其活力。

九房沟的特点是拥有九进房屋组成的古村落，这也是村落的核心部分，九进房中除第七进已经焚毁坍塌之外，其余的八进房屋各自有恢宏气派、各具特色的正门，并且这些房屋大多为清朝中晚期建成，偶有一些后代补建或加建的建筑，这些房屋由于年代久远，只是部分房屋有老人居住留守。只有合理修缮和保护这些清代建筑，才能最大限度地延续“九房一祠堂”的空间格局。

二

结合九房沟发展状况，设立各个层面保护区，具体包括：

（1）发展蓬勃新区

将完全焚毁的第七进房进行重新规划，作为旅游开发的农产品销售和农家乐新区，增加收益的同时也能延续空间格局，打破原村落单一的生活方式。

（2）建立核心保护区

村落的总体范围面积大约为7.2hm^2，其村落内的主体为一个由九座院落群组成的古建筑群。九房院落由东往西依次连接展开，其间的建筑大多具有几百年历史，建筑结构为砖木混合，总体保存较好，总建筑面积有11200m^2，属于湖北省文物保护单位。该主体建筑群最大限度地承载了九房沟村落的历史文化、建筑遗产和风俗人情等，在代表着九房沟核心村落文化景观价值的同时也塑造了村落的优秀历史风貌。因此，在设计中将以九房沟古建筑群为主体，涵盖建筑前主体街道以及起始端的青龙台区域划定为核心保护区（图5-2）。

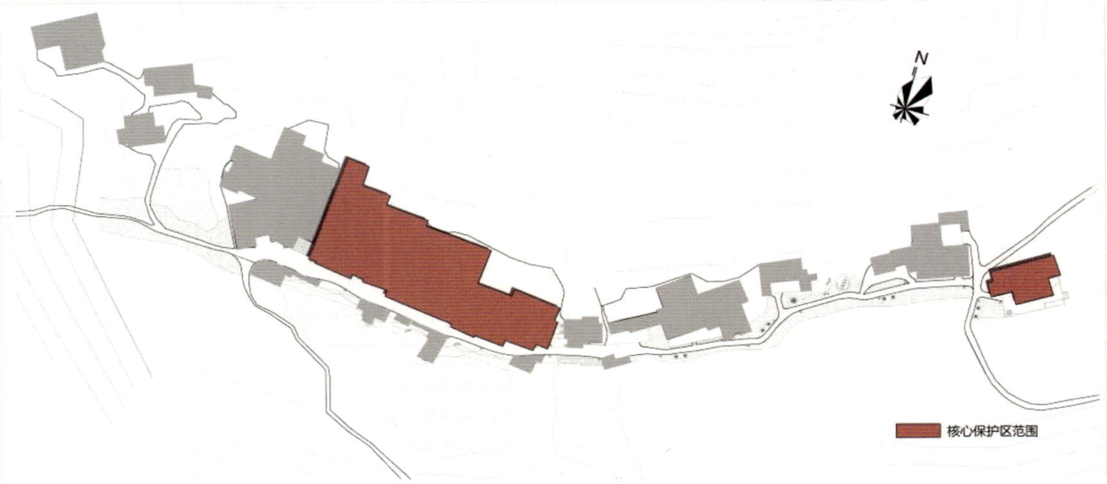

图5-2　核心保护区范围

保护区内必须严格按照相关控制要求进行保护发展更新，禁止出现违背文物保护单位保护利用基本原则的措施，同时在基于现状的基础上不得随意拆毁古建筑，也不得在保护区内新建加建现代建筑以及随意改变街道院落的原有尺度与形式。另外，对区域内历史文化价值较好的各类遗址、自然景观节点实施有效保护，旨在与周边其他区域以及自然生态环境相协调的同时，延续九房沟传统村落历史建筑风貌与整体空间结构。

（3）建设控制区

以九房沟核心保护区范围为中心向外扩延，将主街前风水塘及沿岸西侧主体建筑群延伸区域划定为建设控制区域，以主街为轴，由民居、院落、小道、耕地与石桥小溪构成的村落自然生态景观，既是构成九房沟传统村落文化景观遗产的重要组成部分，同时也是村落村民日常生活居住的重要载体（图5-3）。对于这一区域的保护与发展，主要以保护现有的自然生态景观环境为主，对区域内已有的建筑以保存现状为主，努力避免新的建设性破坏，从而实现维护与协调好区域内已有的建筑与主体核心保护区域风貌的关系。

图5-3　建设控制区范围

（4）环境协调区

九房沟村落北面建设控制区外为自然山体，现状保存较好，基本不需要进行太多整治。环境协调区域主要集中于村落入口祠堂至主体建筑群之间过渡区域、村落西面居民区以及环风水塘区域。村落中间过渡区域内建筑大多建于改革开放之后，既有仿核心区古建筑形式的建筑，也有许多形式各异的现代建筑，建筑高度有两到三层不等。在未来的规划中，建议指导与协调好村民新建民居的选址、规模，保证其建筑形式与传统村落建筑风格协调的基础上，控制新建的建筑体量，实现整体九房沟传统村落空间格局、肌理及建筑风貌的完整性（图5-4）。

三

此外，为了维持传统村落历史与人文形态，需要对村落整体风貌进行整治，具体包括：

（1）完善村落管网设施

供水方面尊重原来居民的生活习惯，采用地下水井水源，整体规划给水管道及路线，统一采用金属内衬PPR复合管材作为供水管道，完善配水管网，提高供水的稳定性。同时依据街道、巷道宽度选取合适的管径，注意主要立面管道的隐蔽处理。排水设施方面以重点疏浚原有院落自排水系统为主，清理排水暗沟及集水井，对局部坍塌损毁沟渠进行原样修复，恢复其主体院落排水功能。同时对于排水能力严重不足的区域进行补充排水管道建设，小规模的以暗沟形式布置，努力杜绝地表任意排水、积水内涝等现象的发生，保证整体村落的排水通畅。

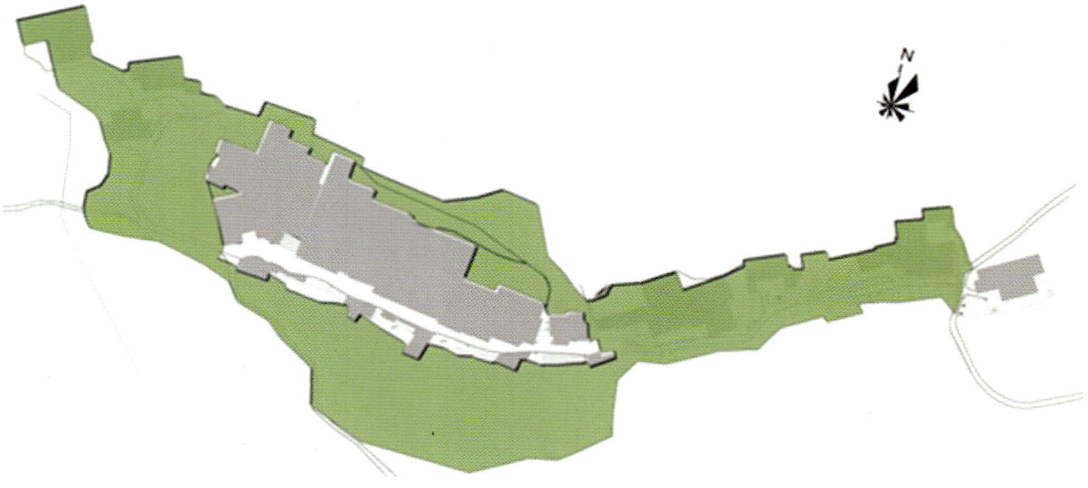

图5-4　环境协调区范围

考虑其木构架建筑的防火问题，应对村落原有的老旧电力系统进行一次彻底的排查与检修，对于不符合《住宅建筑电气设计规范》（JGJ 242—2011）的现象予以及时更改。所有电气管线入户后应采取明线铺设，外套阻燃塑料管，同时走线应沿着墙、柱、梁角处，外面以槽板框盒覆盖，槽板外刷与室内建筑材料背景相同色调的油漆，做隐蔽处理。以户为单位，安装必要的空气断电保护器、烟雾报警器等保障预警设施，最大限度地消除木构架建筑的火灾安全隐患。

加强九房沟传统村落的电力通信设施的配置建设，考虑村落内街道狭窄、局部高差较大，故在主街采取多线路结合的方式埋地敷设管沟，并预留适当管孔，为满足未来发展各类增值业务的需要。在巷道及入户道路间，由于条件限制，可采取电信管线紧贴建筑外墙在地上敷设的方法，外以槽板框盒覆盖，并做相应的隐蔽处理。同时积极地推进村落的电信通信发展与政府村村通广播电视工程结合，采取多种广播电视技术手段，努力提高九房沟村落的电信通信发展水平。

（2）增设公共设施及场所

随着人们对居住生活便利性要求的提高，应充分重视对于公共厕所的集中改造。以村落居民的使用习惯及居民使用的蹲位数量要求为参考，考虑在村落主街前端、后端以及主体建筑群西侧分别设置三个小型公共厕所，连同公共厕所周边绿化景观进行遮蔽处理，建筑风格上与村落传统建筑风貌协调一致。

对村落公共垃圾收集处理系统进行统一规划，在加强居民生态环境保护意识的基础上，做好垃圾收集处理设施的合理布局。首先，将主街尾端的垃圾收集池改为封闭式垃圾收集点，同时在村落主街前段加设一处垃圾收集点，每天及时集中运走，保证其辐射范围基本覆盖村落主体建筑群区域；其次，考虑在从村落入口处延伸至主街道路段以及主体建筑群内巷道，以80m为间隔设置小型垃圾收集箱，在外形装饰上考虑利用当地石材、青砖进行点缀，体现村落公共景观设施的生态性、自然性。

考虑村落内建筑、巷道及主街街道尺度都比较小、复杂程度较高，因此可以采取在主街道路上以25m间隔错位交替布置小型杆灯，巷道之间以及局部的小广场区域点状布置小型石灯座，在装饰材质上以仿木纹铝钢为主，与传统村落古朴、自然的风貌相得益彰。

增设活动广场供村民集中活动交流，也是外来游客驻足停留小憩的场所，能有效提升村落活力值。

（3）全面提升消防措施

参考《建筑设计防火规范》（GB 50016—2014）中的规定，九房沟村落主街以4m的最小宽度来设置以满足消防通道最小净宽要求，同时在村落西面尾端应考虑预留足够面积的隐形回车场地。因消防车的供水范围及水带工作长度等多方面的因素限制，考虑在主街道及主要院落巷道内每隔120m设置室外消火栓。消防用水及水池蓄水则就近以村落前的风水塘供水解决，同时通过严格控制村落入口处的小型水闸保证风水塘合理的蓄水水位。另外，对于村落中的重要文物保护单位及易失火的建筑，应进行仔细的防火排查，将易燃堆放物与违章搭建易燃构筑物清除，同时也可配合在院落中放置储水缸，以便灵活应对突发火情。

第四节　旅游开发分析

一

（1）资源多样化

九房沟的整体空间形态、街巷结构、街道和建筑基本保留了明清时的风貌。街道和建筑无疑是古镇旅游物质资源的主体，同时古镇周边的自然山水与古镇融为一体，也是古镇旅游可以充分利用的物质资源。而颜氏祠堂以及颜氏一族的历史文化无疑是九房沟最重要、最核心的文化。而负阴报阳、背山面水的风水格局使得九房沟具有一道天然的景观屏障。在开放的同时，可以合理地结合这三种资源，做到资源最大化利用。

目前不少学者认为，转型期的宗族文化对个体的正心修己，以及提升乡村治理能力、助推整个社会崇尚和合理念的形成有着积极的意义。面对当下中国乡村的失序、价值阙如问题，从传统宗族文化中重拾有价值的部分，重建乡土价值观乃是当务之急。

对九房沟聚居环境来说，地形地貌、河流水系、气候等自然地理环境所产生的强大的“自然力”作用，是影响其空间形态生成的主导因素，并使建成环境带有鲜明的地方特色，它充分体现了当地居民与自然环境互为依存的密切关系。因此，延续九房沟家族聚居形式的格局也是对当地村民生活方式的一种延续，同时也能更好地传播颜氏一族的文化与历史。

（2）资源区位

颜氏祠堂位于主街上，可大力推广宗祠文化，展现颜氏一族的兴衰史，并加强现在的发展。每家每户留守的老一辈都怀揣着很多精湛的技艺，值得年轻人学习和传承。

（3）交通区位

从西面G4京港澳高速转宣悟线或是从南面走304省道穿毛新线、新彭线、宣悟线可到达九房沟，交通并不是很方便，因此需要修路或者是拓宽九房沟的旅游线路等。另外一些公共设施的完善也是势在必行。

二

（1）塑造明清村落风貌

在恢复九房沟古寨堡的风貌同时，尽可能营造明清的历史氛围，将来组织村民开展传统的民俗活动，展现给游客。这里不需要那些所谓的大开发商，倒是需要志愿和特别愿意来乡村发展的新时代城市青年。开发商在中国目前这种特定的背景和趋利的环境下，多会把当地的老百姓都边缘化，独占自然资源及人文历史资源。古寨堡的资源都很好，无非就是房子破损了，需要一些资金来修建，寨墙没有了，寨门没有了，通过各级政府拨款，也可以慢慢复建，并不需要特别招商引资。

（2）结合水库营造水景

九房沟东北方还有一个丰店水库，正在扩容，水位升上来以后水面就会到达九房沟的宗祠前。九房沟古寨堡开发旅游正好可以跟丰店水库结合起来，通过仿古木船码头的建立，将库区与景区直接连接起来，共同营造出明清时代的历史氛围，应该会很吸引游客。

（3）界山登高旅游

来九房沟的沿途都是山，九房沟也位于寨基山金鸡尾环合处的低洼地段。以寨基山金鸡岭的传说为背景，在不破坏田地的情况下增补石板登山步道，设置多处观景休息平台，使界山成为既能登山的旅游点，又能观看古镇风貌、广袤田园的观景点。

（4）农家乐建设

利用九房沟中的九房建筑，在适当的节点处设置农家乐区块，家养的农产品自产自销，旅游开发的同时给村民带来额外收益，也能吸引更多的青年人返乡就业，脱贫致富。打造特色菜肴并突出一定的文化特色，让游客边听故事传说，边看工序原料，边尝味道、体验风土人情，这样在增加古镇旅游产品的同时，也可发扬古镇文化。

（5）祠堂修缮

对祠堂作进一步的修缮，除了村民平日的礼仪活动之外，也可将这个颜氏祠堂打造成九房沟的文化传播基地，吸引游客前来祈福还愿等。

（6）建筑技术改造

对院落中的墙体损毁、院墙坍塌、屋架缺失等造成整体村落格局缺失的区域做出一系列修缮、填补措施，如同“扎针灸”法，恢复其村落的整体“脉络、格局”。这些填补的部分不是重写，而是以原有的街巷尺度为参照，通过对体量的控制谨慎地对原有空缺进行一定程度的修复。对造成村落整体格局严重失衡的后加建筑进行拆除，如同“拔火罐”法，祛除“淤毒、隐患”。通过这一“扎”一“拔”、一加一减两种方法，恢复九房沟传统村落的空间格局和历史风貌，对后续的传统村落的存续方式也可起到一定的引导作用。

三

纪录片《记住乡愁》从历史的角度，以寻根的真诚为观众呈现了中华民族的精神原乡，告诉我们除了荒芜、空心等标签之外，乡村有令人激赏的厚重一面：它是传统文明的发源地，是一个个宗系的本乡，孕育承载着祖祖辈辈的生活。它也将是现代人寄托乡愁，抚平现代性焦虑，实现对根的归依的重要介质。记住乡愁，记住我们从哪里来，正确评价传统的合理价值并将其作为现实之滋养、参照，能够让人时时立足当下，反思现实所处，从而实现寻根的真正意义。

随着政府大力支持九房沟的开发与保护，九房沟当地村民的期盼更加殷切，相信随着央视《记住乡愁》纪录片的宣传，更多九房沟的村民会投奔到家乡的建设上来，更多的外来游客会感受到这份岁月深处的乡愁。

附录　九房沟村落活化尝试——以UA建筑设计竞赛为例

作品以颜氏一族为脉络，以四季变化为出发点，重新定义九房沟古村落的建筑性质，以便将之投入最合理化的使用中（附录表1、附录表2）。重点改造破坏最严重的第七进房，使之得以重生。在这里，春夏秋三季以村民文化公共空间为亮点，并带有附属空间（一个亭子和一个田舍）。文化公共空间主要给村民提供阅览室等学习和休息的场地，内院的房间给游客提供食宿（附录图1）。进入腊月后，就由孩子和大人一起将它变成一座寒假学堂。

附录表1　2016年度UA创作奖·概念设计国际竞赛（二等奖第一名）

作品名称	参赛机构	参赛者	指导老师	作品图纸
耕读传家久 诗书继世长	武汉理工大学	王凌豪 吴永义 陈一帆	徐宇甦 陈李波	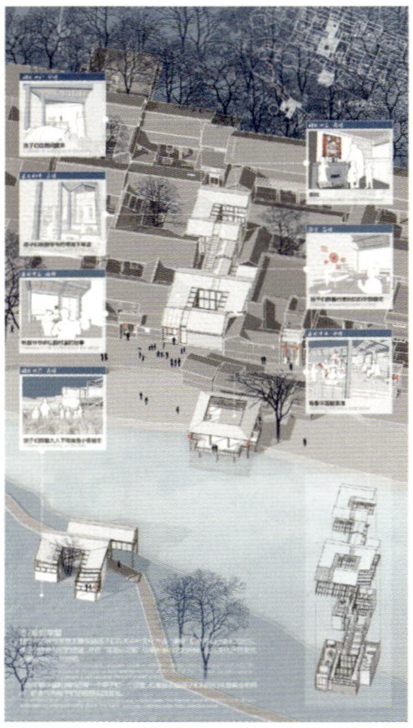 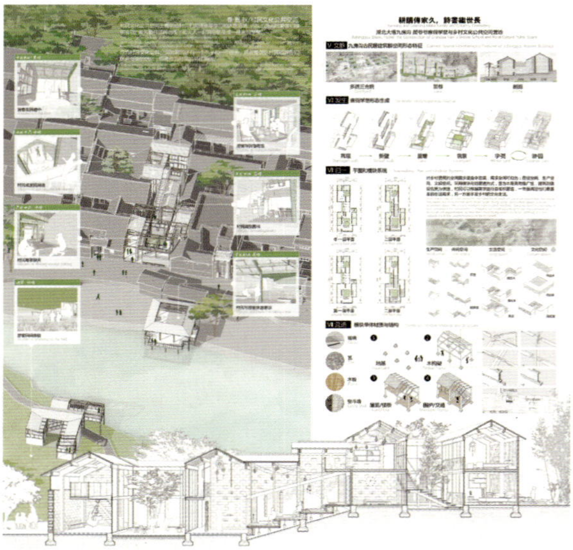

附录表2　竞赛思路分析

设计生成		图纸详解
文脉	建筑群空间形态特征	
发生	寒假学堂形态生成	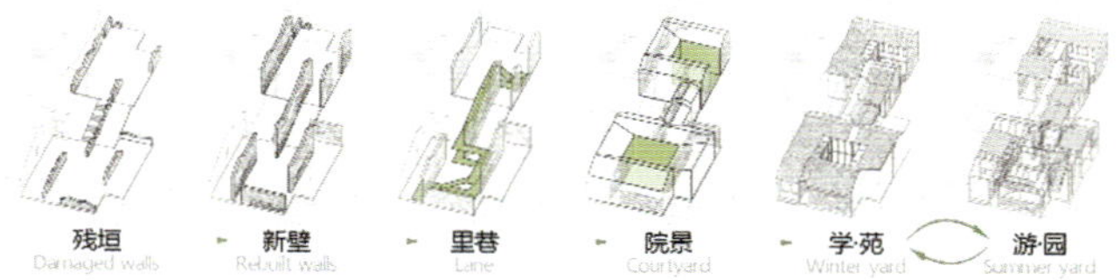
归一	平面和模块系统	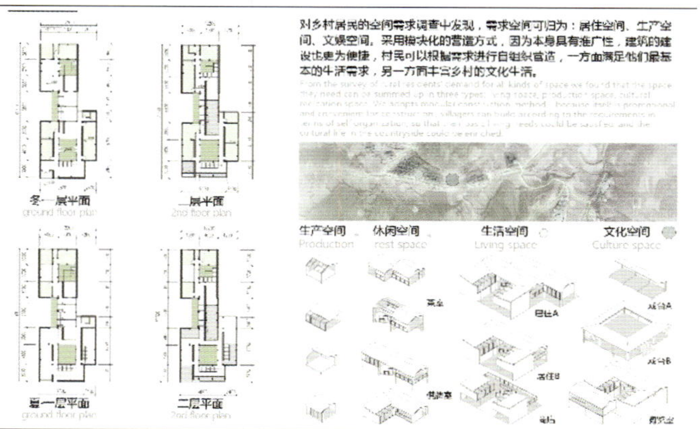
营造	模块单体材质与结构	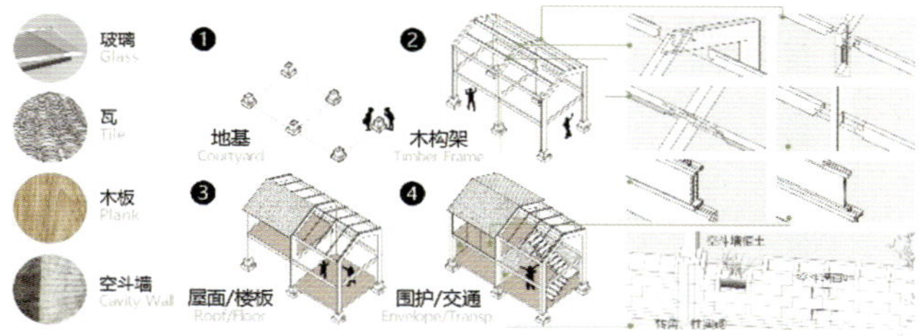
一个典型的代际关系	本方案试图在这种代际关系的前提下建立一种有效的文化继承，借助血脉关系弱化传统与现代的二元对立，利用乡村的特有资源和农民的自主参与性实现乡村文化的传递	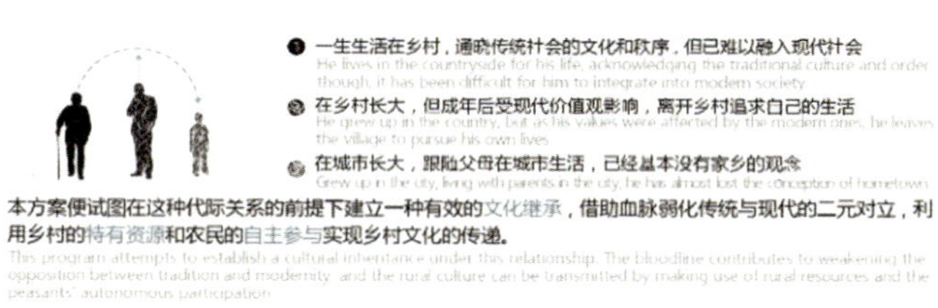
颜爷爷的尝试	受城里补习班的启发，九房沟的一位颜爷爷希望在村里那块焚毁的空地上营建一个寒假学堂，他认为现在的孩子们比起文化课更需要学习的是自己的根。寒假学堂的“课表”由颜爷爷亲自确定，他将和一群孩子一起度过腊月和正月里的二十多个日夜	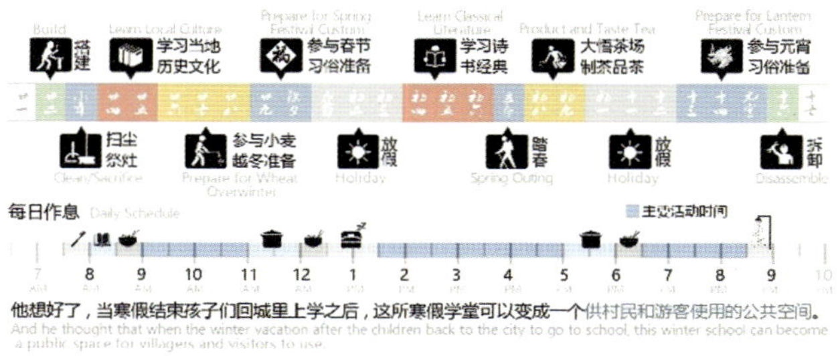

附录图1　春夏秋季公共空间营造

冬季，颜爷爷的寒假课堂开课，主要供给孩子们乡村文化方面“课程”的学习和日常生活玩乐。孩子们将参与它的搭建并在寒假课程结束时参与拆除，适当变化后又变成村里的文化公共空间。作为寒假学堂附属的还有一个亭子和田舍，前者作为村民和游客休息、集会的场所，后者作为孩子们的田野实践基地（附录图2、附录图3）。随着季节的更替，建筑的性能也随之循环交替。

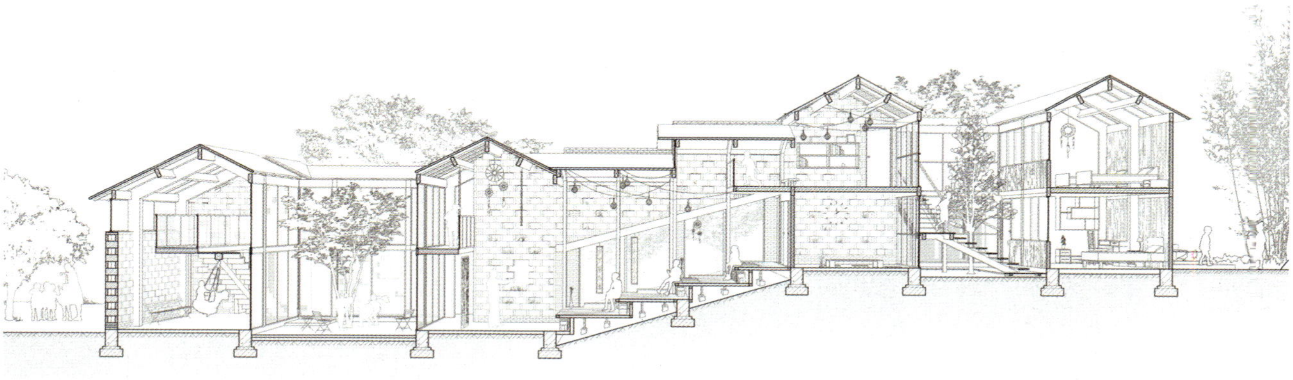

附录图2　剖面图

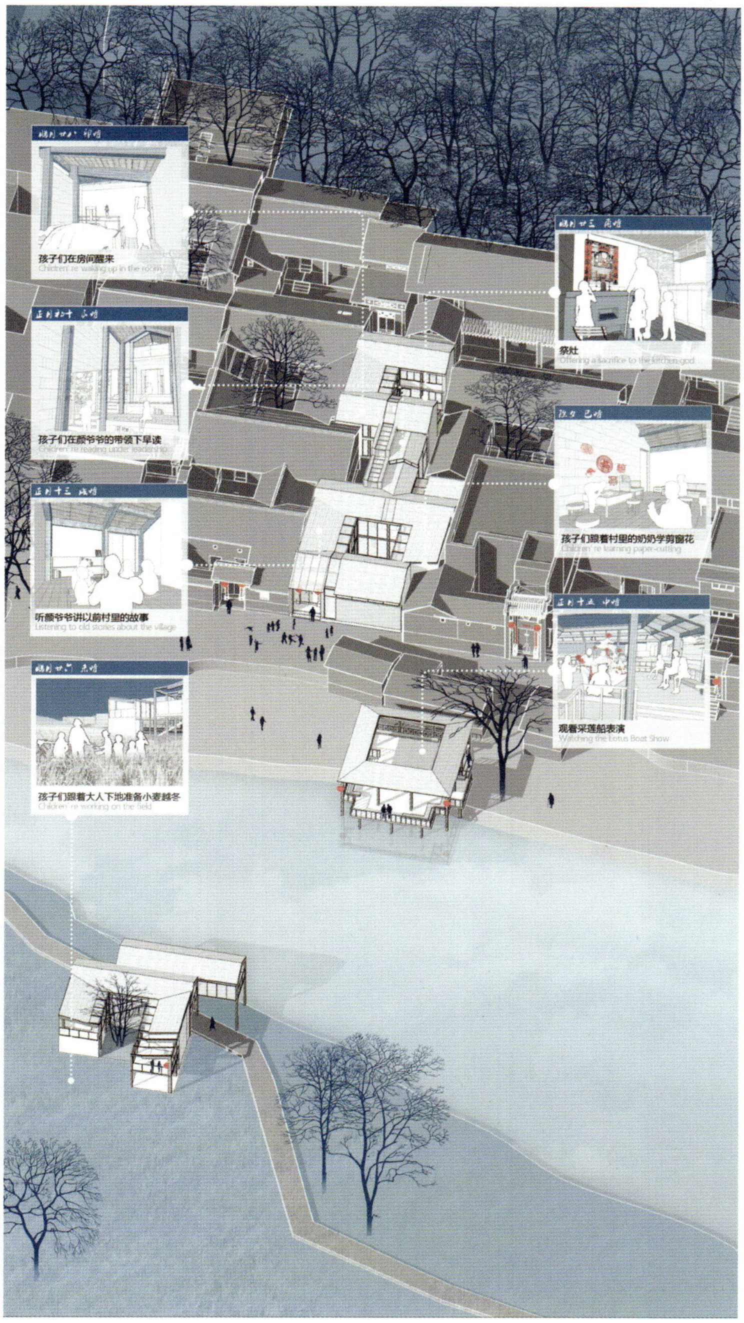

附录图3　冬季公共空间营造

参考文献

[1] 湖北省大悟县地方志编纂委员会. 大悟县志[M]. 武汉：湖北科学技术出版社，1996.

[2] 国家文物局. 中国文物地图集·湖北分册[M]. 西安：西安地图出版社，2002.

[3] 李百浩. 湖北近代建筑[M]. 北京：中国建筑工业出版社，2005.

[4] 李百浩，李晓峰. 湖北传统民居[M]. 北京：中国建筑工业出版社，2006.

[5] 陈义万. 探索"空心村"破解之路——以大悟县村湾建设为例[J]. 中华建设，2009（3）：58-59.

[6] 李百浩，孟岗. 因兵而兴的湖北古镇——罗田屯兵堡[J]. 华中建筑，2005，23（2）：134-137.

[7] 易伯，陈凡，刘炜. 因茶而兴的湖北古镇——赤壁羊楼洞[J]. 华中建筑，2005，23（2）：138-142.

[8] 李百浩，徐宇甦. 因市而兴的湖北古镇——大悟双桥[J]. 华中建筑，2006，24（5）：121-126.

[9] 李晓峰. 乡土建筑保护与更新模式的分析与反思[J]. 建筑学报，2005（7）：8-10.

[10] 李晓峰，谭刚毅. 两湖民居[M]. 北京：中国建筑工业出版社，2009.

[11] 周红，李百浩. 传统山区聚落的防御特征研究——以湖北钟祥张集古镇为例[J]. 华中建筑，2008，26（6）：154-158.

[12] 李允鉌. 华夏意匠[M]. 天津：天津大学出版社，2005.

[13] 刘炜. 湖北古镇的历史、形态与保护研究[D]. 武汉：武汉理工大学，2006.

[14] 赵彬. 大悟县历史村镇类型划分与街巷空间特色初探[D]. 武汉：武汉理工大学，2014.

[15] 阿摩斯·拉普卜特. 宅形与文化[M]. 常青，徐菁，李颖春，等译. 北京：中国建筑工业出版社，2007.

[16] 陆元鼎. 中国民居研究五十年[J]. 建筑学报，2007（11）：66-69.

[17] 张一兵. 迎龙楼与平开碉楼的关系[A]// 第十五届中国民居学术会议论文集[C]. 2007：532-535.

[18] 杨成锦. 湖北古镇文化研究[D]. 武汉：武汉理工大学，2010.

[19] 王梦. 大悟县历史村镇空间形态特色研究[D]. 武汉：武汉理工大学，2014.

[20] 赵冰. 寂静的山谷——"社区遗产保护"九房沟案例探索[J]. 华中建筑，2013（6）：160-162.

[21] 冯骥才. 传统村落的困境与出路——兼谈传统村落是另一类文化遗产[J]. 民间文化论坛，2013（1）：7-12.

[22] 杨毅. 民居的保护更新及其发展方式预测[J]. 华中建筑，1998（4）：126-127.

[23] 陈李波，曹功，徐宇甦. 建筑考古学视角下的湖北大悟八字沟民居保护研究[J]. 华中建筑，2017（5）：107-112.

[24] 宋建成，吴银玲. 浅议历史古村镇保护与旅游经济发展战略——以湖北小河镇为例[J]. 农业经济，2010（4）：34-35.

［25］谭曙辉，陈宁英，张河清．红色旅游研究现状与展望[J]，城市发展研究;2008，15（3）：196-199.

［26］B M 费尔顿 ，N 利契费尔德 ，陈志华．保护历史性城镇的国际宪章(草案)——国际文物建筑与历史地段工作者议会(ICOMOS)[J]．城市规划，1987（3）：28-29.

［27］罗来平．徽州呈坎古村特色与保护[J]．规划师，1996（1）：98-101.

［28］林志强．广西传统聚落空间意象分析与启示[J]．规划师，2006，22（12）：85-88.

［29］吕晶，蓝桃彪，黄佳．国内传统村落空间形态研究综述[J]．广西城镇建设，2012（4）：71-73.

［30］杜佳，张琦．传统民居村落保护与可持续发展——以丽江夏禾、下束河村整治建设规划为例[J]．华中建筑，2008，26（12）：254-257.

［31］朱良文．传统民居价值与传承[M]．北京：中国建筑工业出版社，2011.

［32］孙大章．中国民居之美[M]．北京：中国建筑工业出版社，2011.

［33］刘大可．中国古建筑瓦石营法[M]．北京：中国建筑工业出版社，2015.

［34］冯维波．山地传统民居保护与发展——基于景观信息链视角[M]．北京：科学出版社，2016.

［35］魏春雨．建筑类型学研究[J]．华中建筑，1990（2）：81-96.

［36］王绚．传统寨堡聚落防御性空间探析[J]．建筑师，2003（4）：64-70.

［37］黄红生．客家民居建筑——浅谈龙南围屋[J]．商品与质量，2009（s7）：72-75.

［38］侯珊珊．从古代传统女性地位看居住空间设计——以山西大院绣楼为例[J]．安徽文学，2011（3）：101-102.

［39］谭刚毅，刘勇．一个无人区边的移民聚落的案例研究[J]．城市建筑，2011（10）：31-35.

［40］吴庆洲．龙庆忠建筑教育思想与建筑史博士点30年回顾——纪念恩师诞辰109周年[J]．南方建筑，2012（2）：48-53.

［41］李劲．浅谈湖北省三峡工程库区古建筑迁建、保护和利用——以湖北秭归凤凰山古建筑群为例[J]．城乡建设，2012，19（9）：3-9.

［42］徐燕，彭琼，吴颖婕．风水环境学派理论对古村落空间格局影响的实证研究——以江西省东龙古村落为例[J]．东华理工大学学报(社会科学版)，2012，31（4）：315-320.

［43］闫世伟．“绣楼”建筑符号视觉审美初探[J]．文艺理论与批评，2014（4）：90-92.

［44］顾贤光，李汀珅．意大利传统村落民居保护与修复的经验及启示——以皮埃蒙特大区为例[J]．国际城市规划，2016，31（4）：110-115.

［45］杨柳．风水思想与古代山水城市营建研究[D]．重庆：重庆大学，2005.

［46］俞世海．中国古民居保护与旅游开发应用模式研究[D]．南京：东南大学，2006.

[47] 阙瑾. 明清“江西填湖广”移民通道上的鄂东北地区聚落形态案例研究[D]. 武汉：华中科技大学，2008.

[48] 杨蕾. 明清时期鄂西北山寨成因与形制研究[D]. 武汉：华中科技大学，2008.

[49] 刘苗. 湖北传统民居营造技术研究[D]. 武汉：武汉理工大学，2010.

[50] 何路路. 徽州古民居分类保护利用技术策略及其细则[D]. 合肥：合肥工业大学，2012.

[51] 陈小将. 鄂北家族卫戍型聚落研究——以随州和孝感地区为例[D]. 武汉：华中科技大学，2013.

[52] 范雪青. 大别山系传统民居建筑装饰研究[D]. 郑州：郑州大学，2014.

[53] 李婧. 生态文化视野下的安康地区传统民居及其环境保护与再利用研究[D]. 西安：西安建筑科技大学，2014.

[54] 李玲玉. 地域文化视野下的山东沿海传统民居保护与利用研究[D]. 长春：吉林建筑大学，2015.

[55] 张雯. 关注文化基因的传统民居保护与修缮设计研究[D]. 昆明：昆明理工大学，2016.

[56] 赵勇. 中国历史文化名镇名村保护理论与方法[M]. 北京：中国建筑工业出版社，2008.

[57] 陆元鼎. 中国传统民居建筑[M]. 广州：华南理工大学出版社，1994.

[58] 胡乔木. 中国大百科全书[M]. 2版. 北京：中国大百科全书出版社，2009.

[59] 宋阳. 湖北古镇空间形态解析及其整合性保护研究[D]. 武汉：华中科技大学，2007

[60] 石桥青. 风水图文百科[M]. 陕西：陕西师范大学出版社，2008.

[61] 潘谷西. 中国建筑史[M]. 6版. 北京：中国建筑工业出版社，2009.

[62] 维基·理查森. 新乡土建筑[M]. 吴晓，于雷，译. 北京：中国建筑工业出版社，2004.

[63] J KIRK IRWIN. 西方古建古迹保护理念与实践[M]. 秦丽，译. 北京：中国电力出版社，2005.

[64] JASON WOOD. Building archaeology—application in practice[M]. Oxford：Oxbow Books，1994.

[65] OLIVER PAUL. Encyclopedia of vernacular architecture of the world[M]. Cambridgeshire：Cambridge University Press，1997.

[66] DAVID HAMER. History in urban places：the historic districts of the United States [J]. Journal of American History, 1998,86(2):794.

[67] NATHANIEL LIEHFIELD. Economics in urban conservation[M]. Cambridgeshire：Cambridge University Press，2000.

[68] RICHARD K，MORRISS. The archaeology of buildings[M]. NPI Media Group，2000.

[69] MANFRED SEHULLER. Building archaeology [J]. Monuments and Sites, 2002.

[70] BERNARD M FEILDEN. Conservation of historic buildings[M].3rd ed.Oxford：Architectural Press, 2003.

[71] MICHAEL FORSYTH. Understanding historic building conservation[M]. Hoboken：Wiley-Blackwell, 2013.

附录图纸

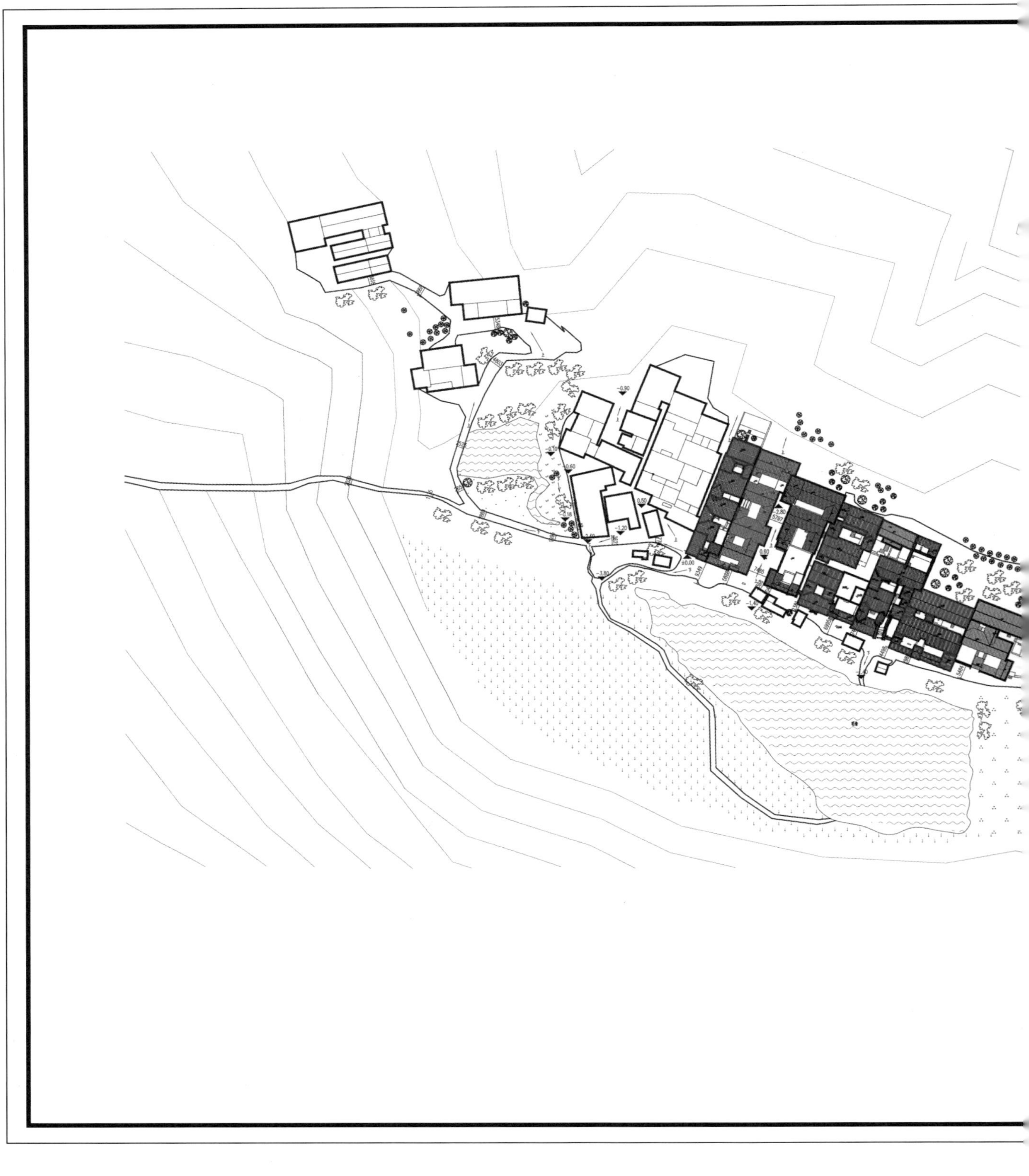

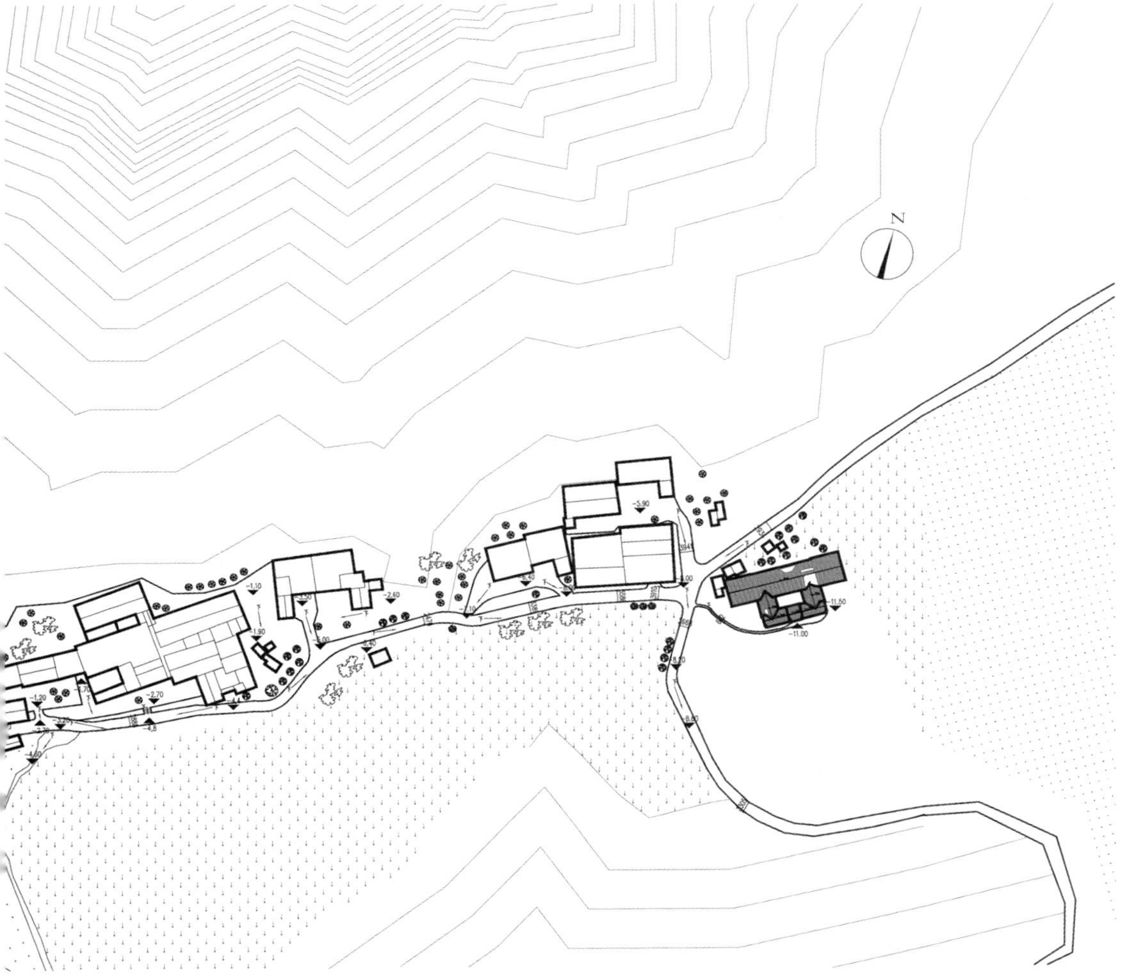

红色记忆：传统村落历史形态与文化研究

编号

01

岁月深处的乡愁——大悟九房洵

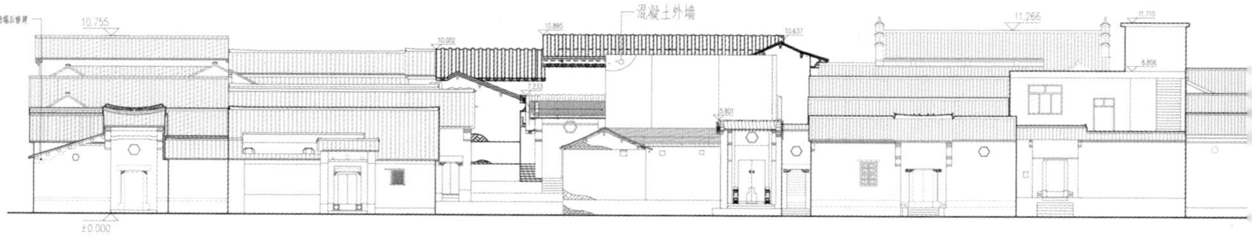
10.755
10.002
10.895
混凝土外墙
10.637
7.233
5.801
11.266
11.710
8.806
±0.000

立面图

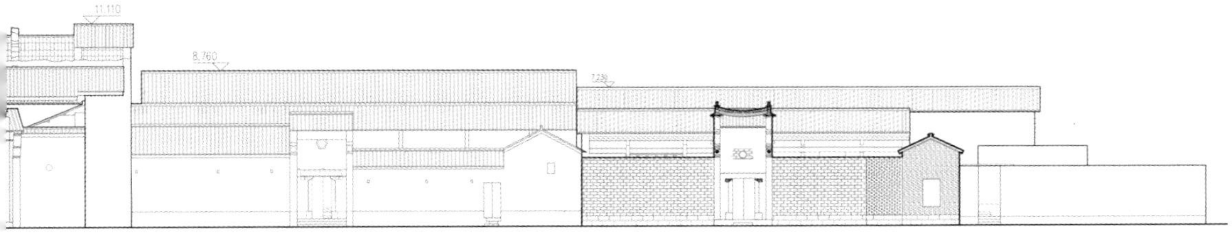

红色记忆 · 传统村落历史形态与文化研究

编号

G2

岁月深处的乡愁——大悟九房沟

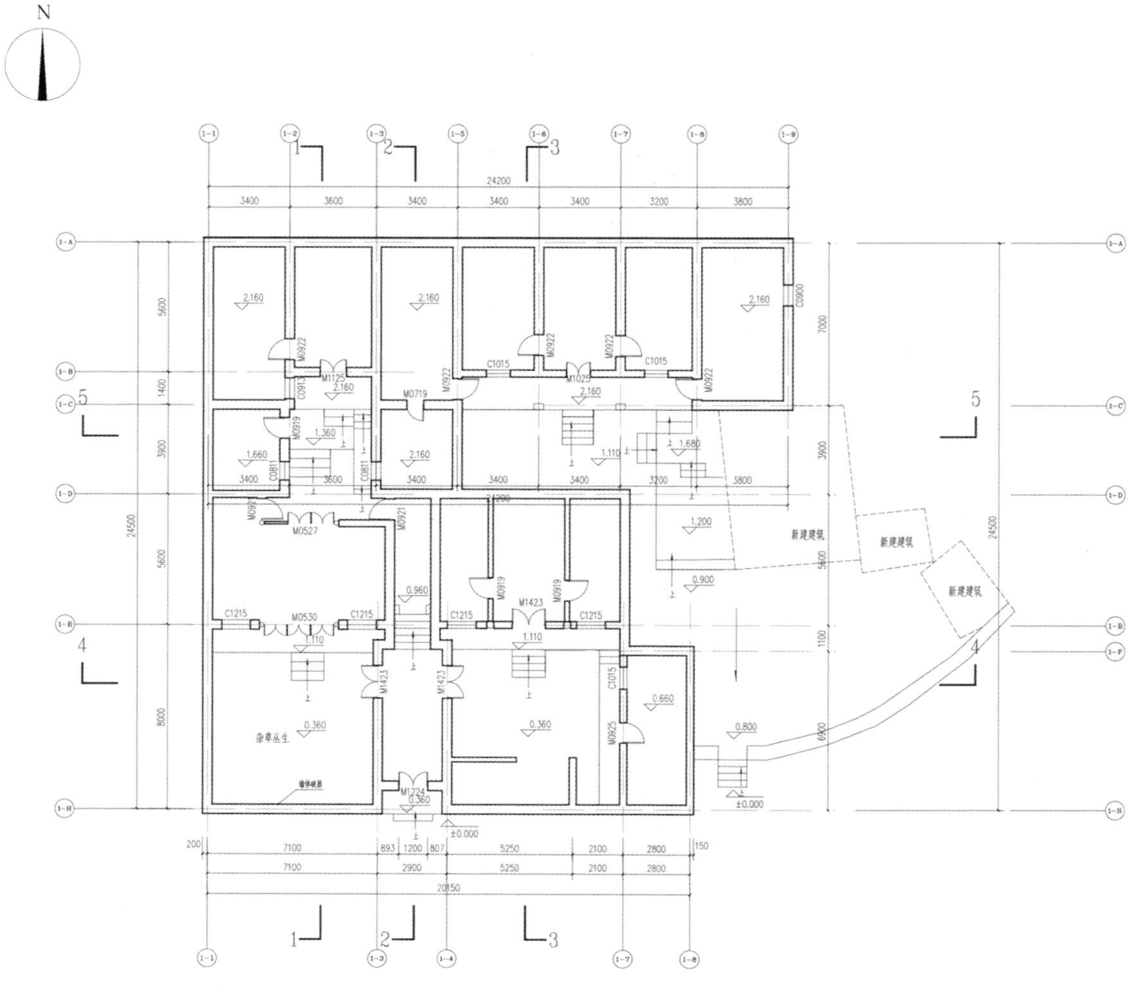

第一房一层平面图

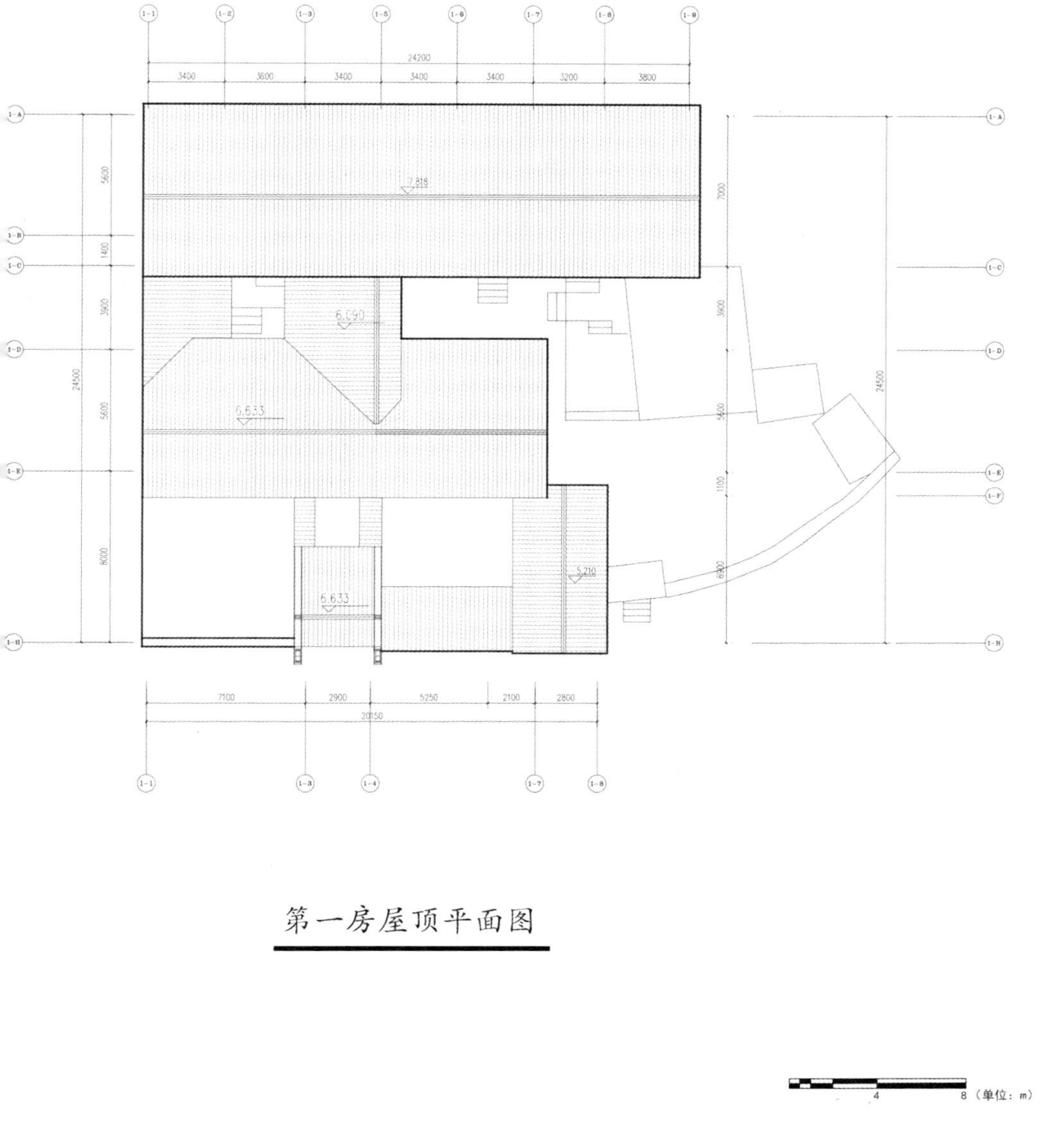

第一房屋顶平面图

红色记忆：传统村落历史形态与文化研究

编号

03

岁月深处的乡愁——大悟九房沟

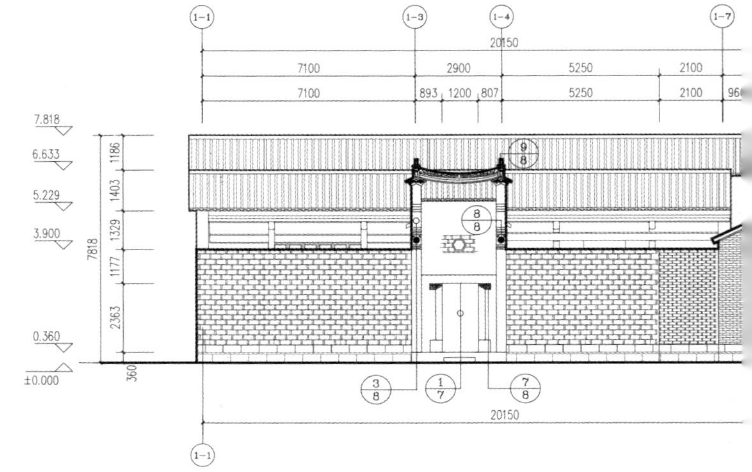

第一房正立面图

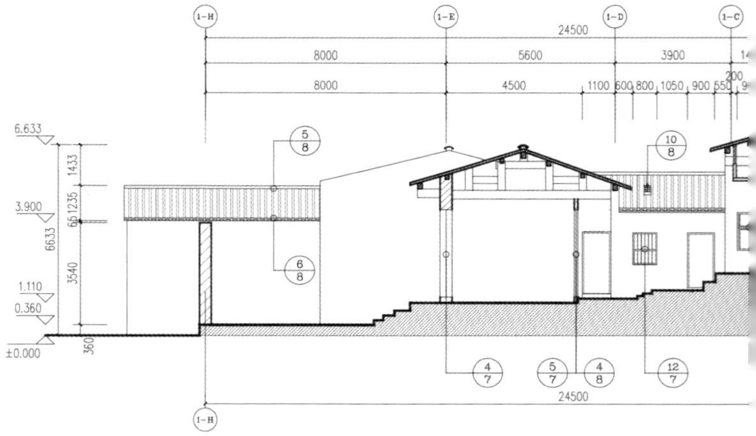

第一房 1—1 剖

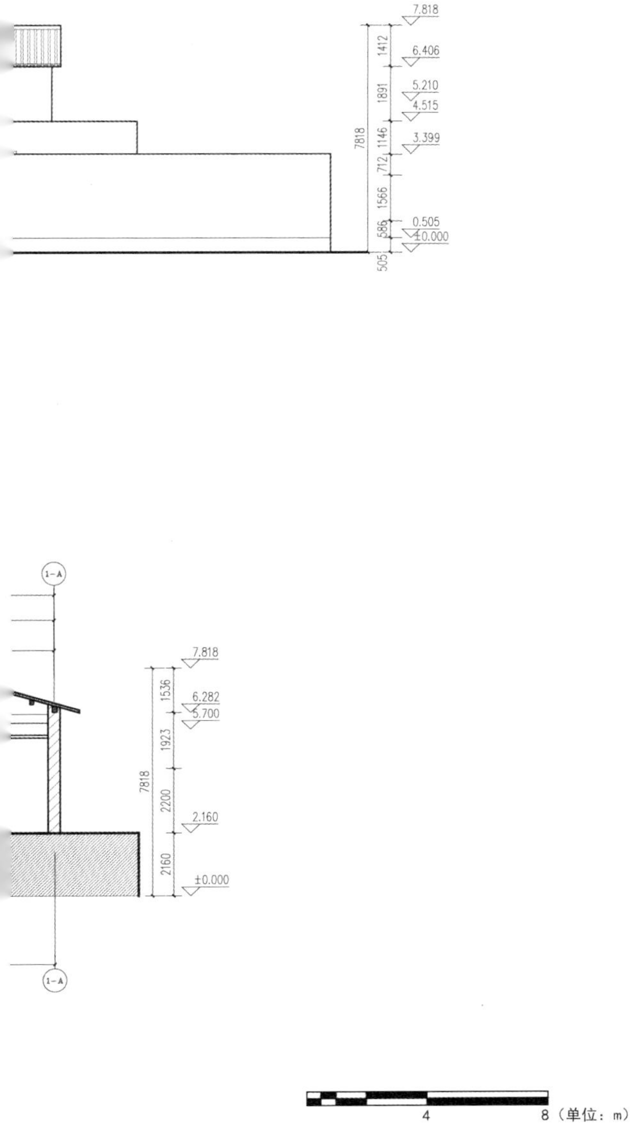

红色记忆：传统村落历史形态与文化研究

编号

04

岁月深处的乡愁——大悟九房沟

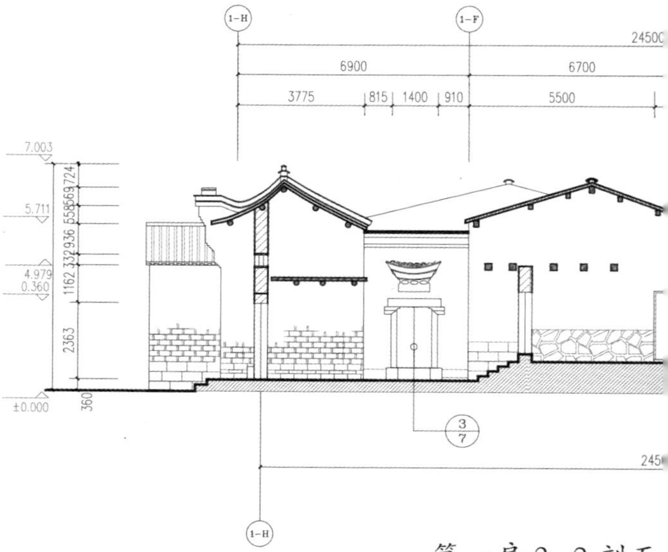

第一房 2—2 剖面

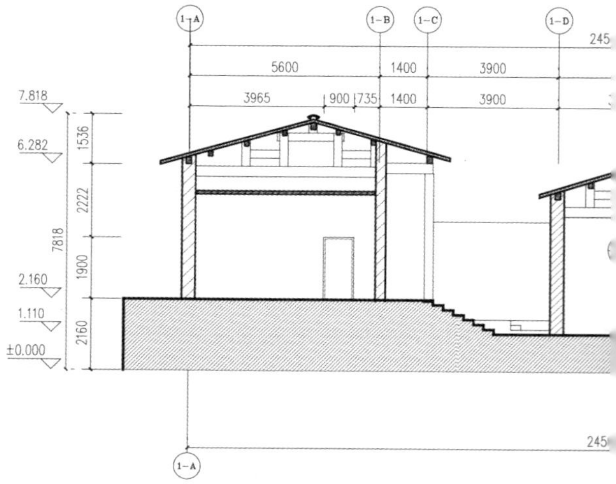

第一房 3—3 剖面

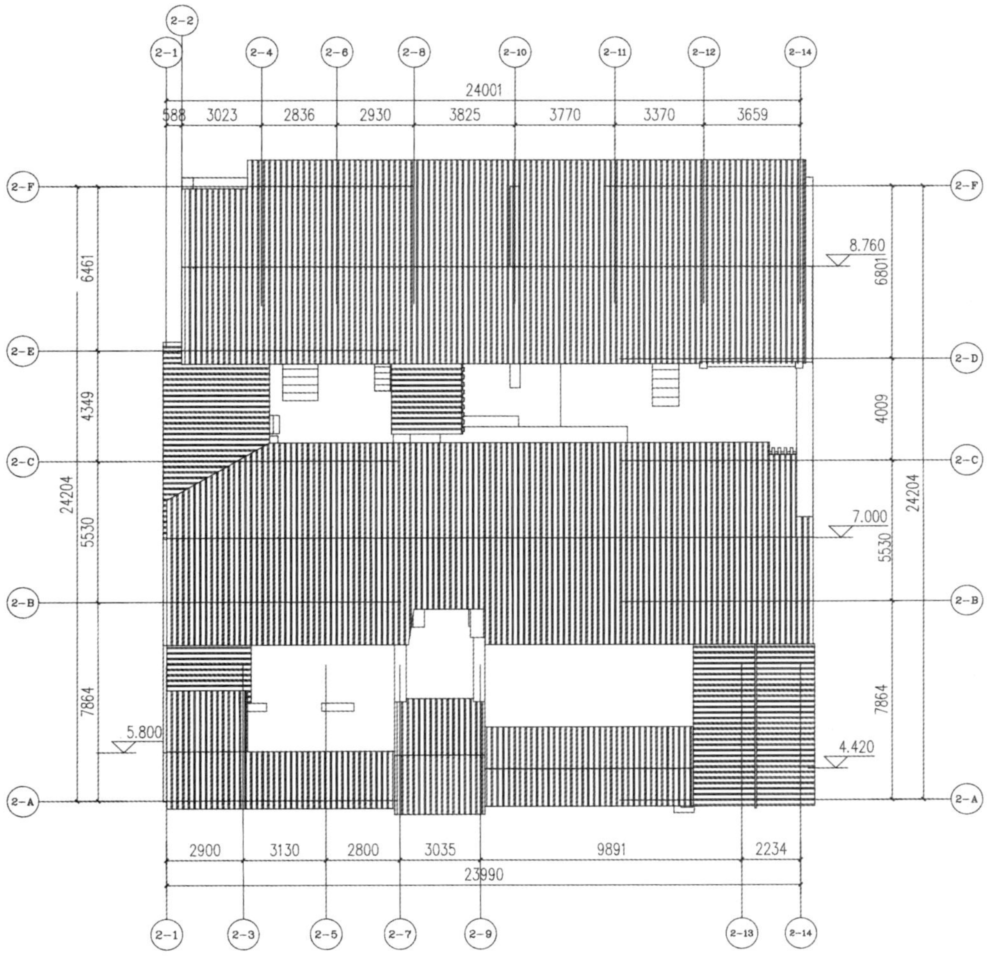

第二房屋顶平面图

红色记忆：传统村落历史形态与文化研究

编号

07

岁月深处的乡愁——大悟九房沟

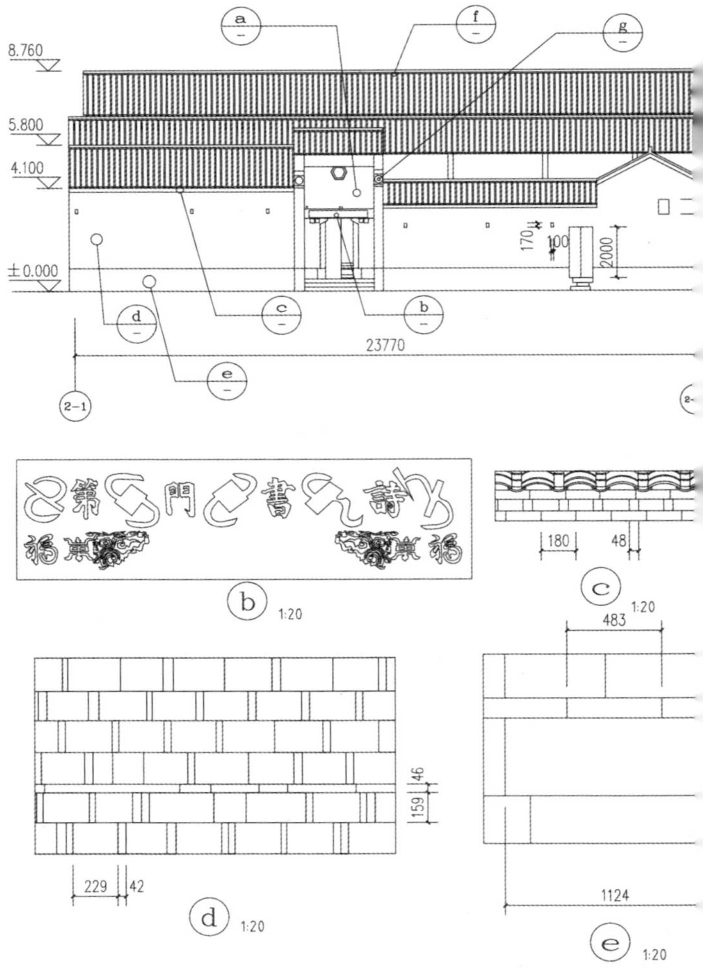
8.760
5.800
4.100
±0.000
23770
170
100
2000
2-1
b 1:20
180
48
c 1:20
483
46
159
229
42
d 1:20
1124
e 1:20

第二房临街立面图

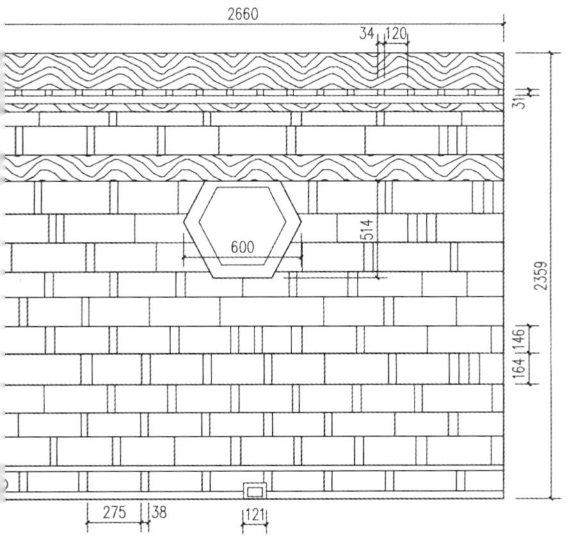

a 1:20

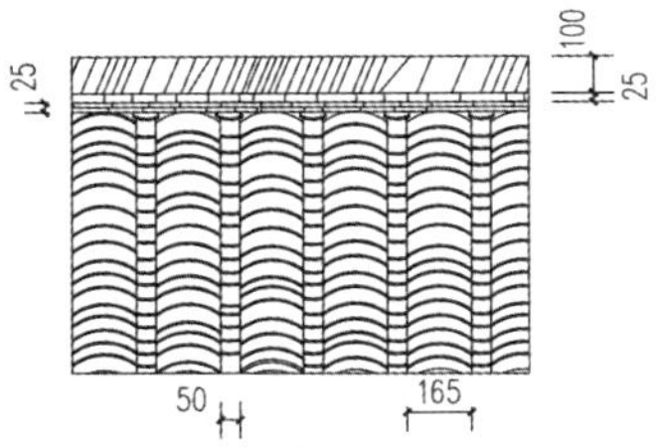

f 1:20

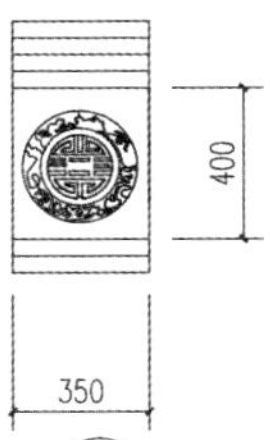

g 1:20

红色记忆：传统村落历史形态与文化研究

编号

08

岁月深处的乡愁——大悟九房沟

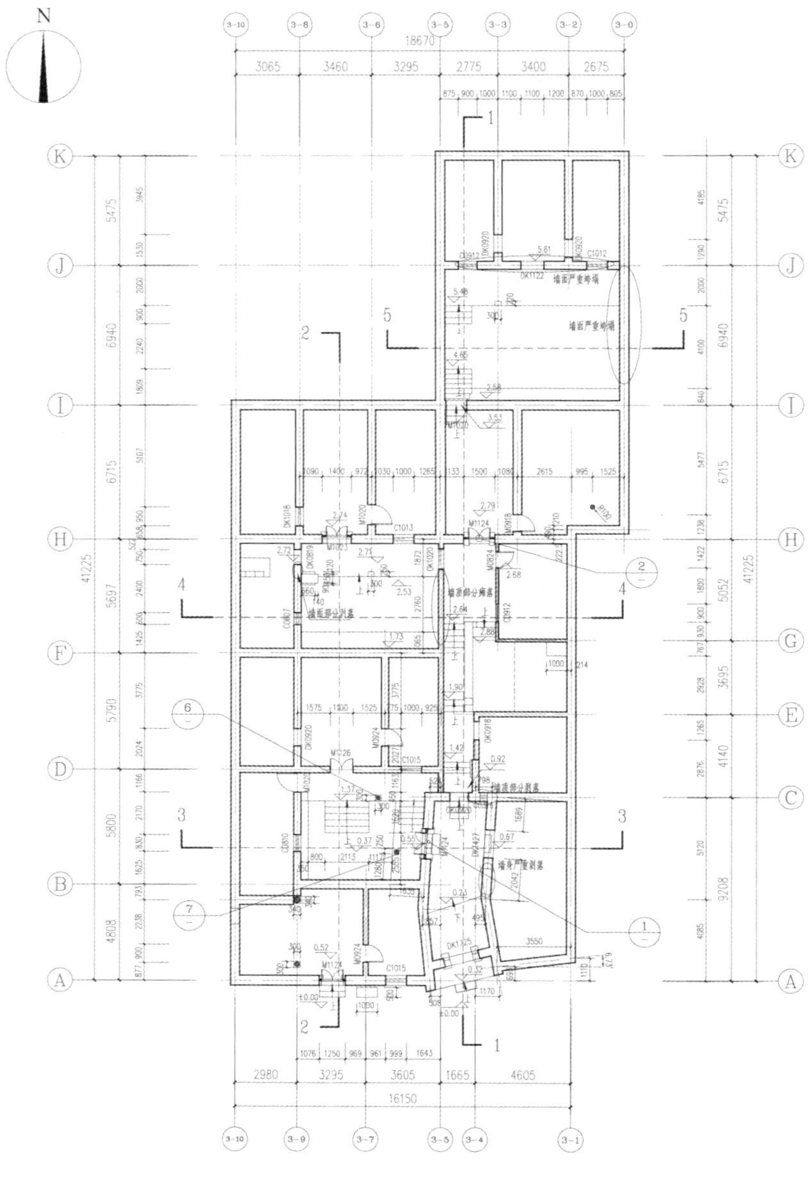
N
18670
3065
3460
3295
2775
3400
2675
16150
2980
3295
3605
1665
4605
41225

第三房一层平面图

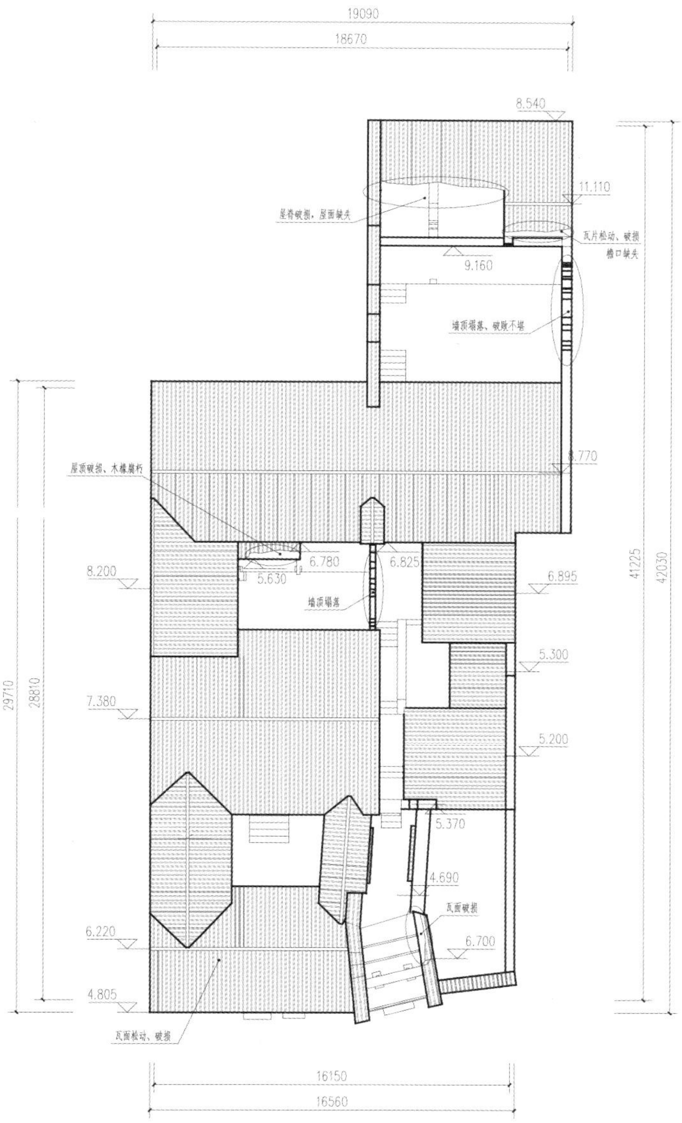

第三房屋顶平面图

红色记忆：传统村落历史形态与文化研究

编号

09

岁月深处的乡愁——大悟九房沟

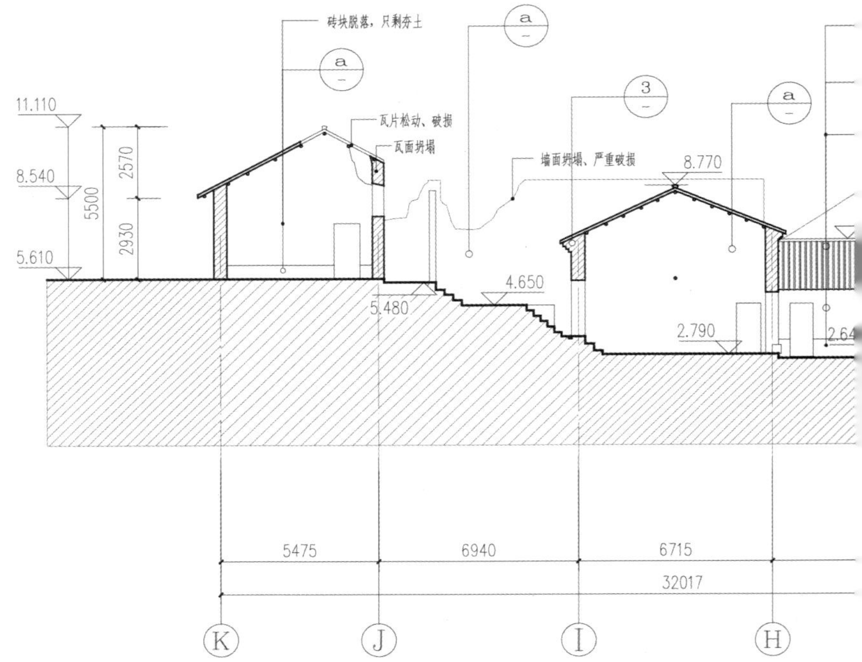
砖块脱落，只剩夯土
a
a
3
a
瓦片松动、破损
瓦面坍塌
墙面坍塌、严重破损
11.110
8.540
5.610
5500
2570
2930
5.480
4.650
8.770
2.790
2.64
5475
6940
6715
32017
K
J
I
H

第三房 1—

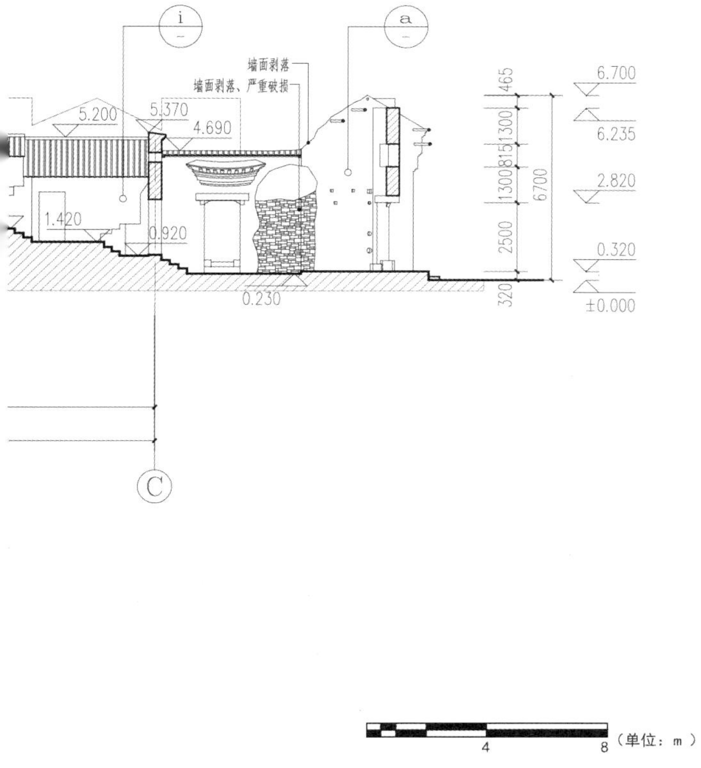

红色记忆：传统村落历史形态与文化研究

编号

10

岁月深处的乡愁——大悟九房沟

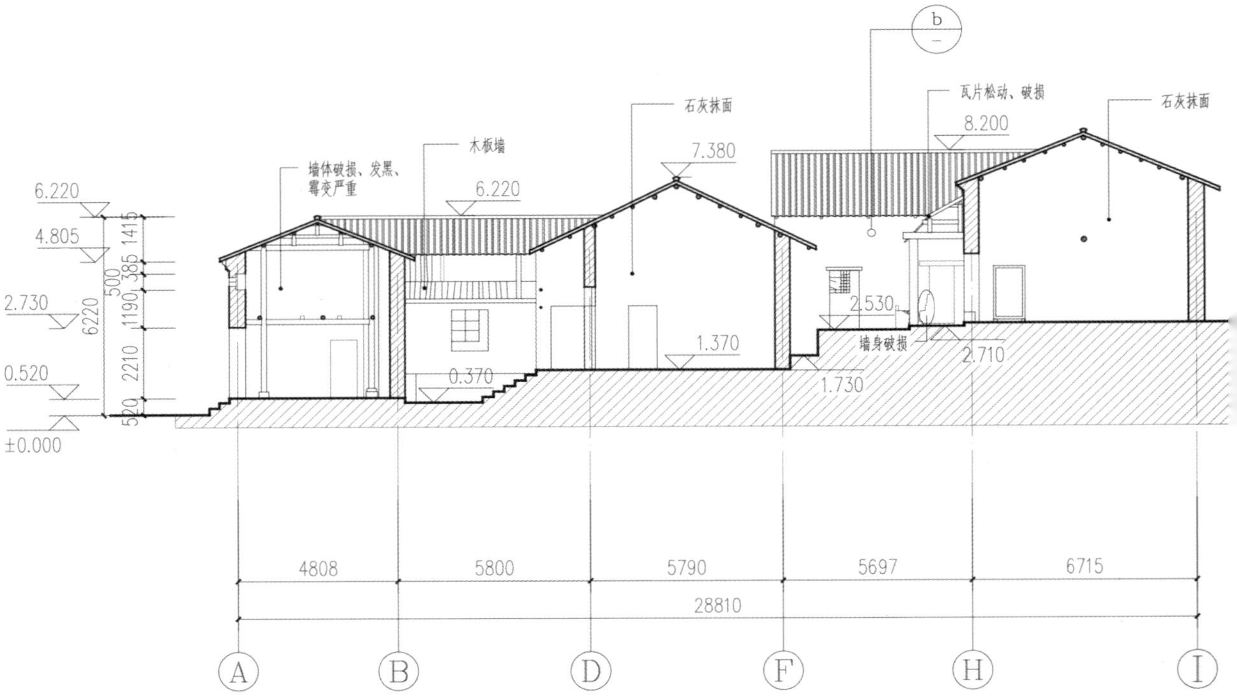
墙体破损、发黑、
霉变严重
木板墙
石灰抹面
瓦片松动、破损
石灰抹面
墙身破损
6.220
4.805
2.730
0.520
±0.000
6.220
7.380
8.200
0.370
1.370
2.530
1.730
2.710
1415
385
500
1190
6220
2210
520
4808
5800
5790
5697
6715
28810
A
B
D
F
H
I
b

第三房 2—2 剖面图

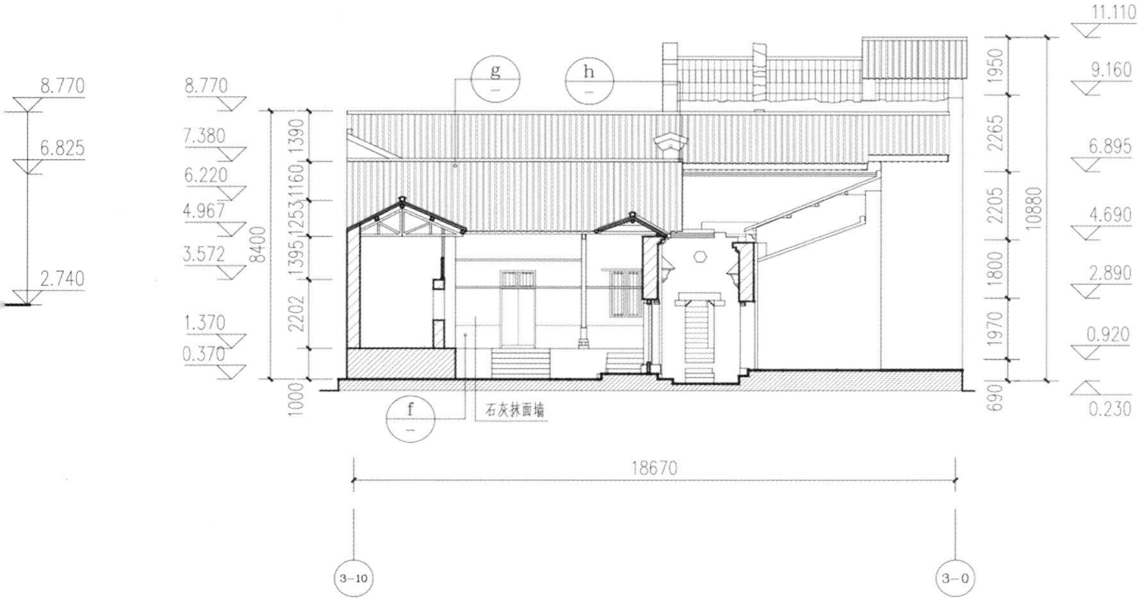

第三房 3—3 剖面图

红色记忆：传统村落历史形态与文化研究

编号
11

岁月深处的乡愁——大悟九房沟

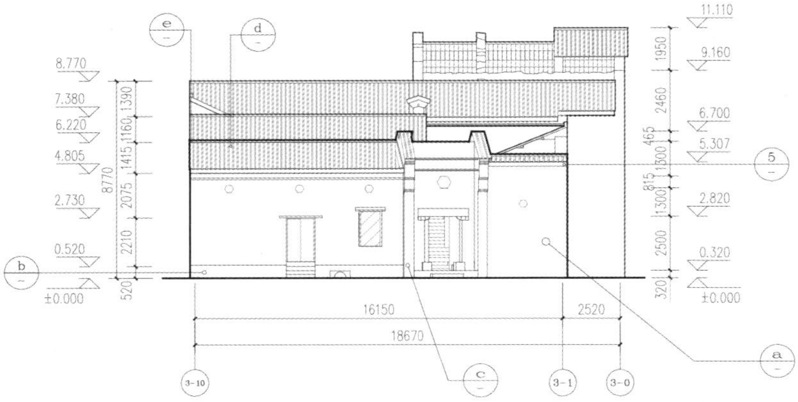
11.110
9.160
8.770
7.380
6.220
4.805
2.730
0.520
±0.000
6.700
5.307
2.820
0.320
±0.000
1950
2460
465
1300
815
1300
2500
320
1390
1160
1415
2075
2210
520
8770
16150
2520
18670
3-10
3-1
3-0
a
b
c
d
e
5

第三房正立面图

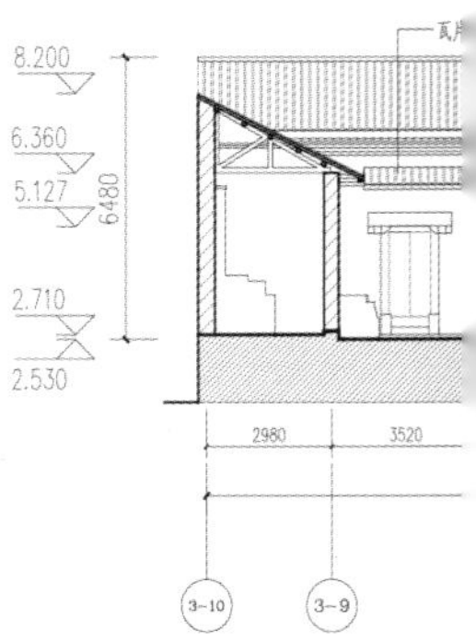
8.200
6.360
5.127
2.710
2.530
6480
2980
3520
3-10
3-9

第

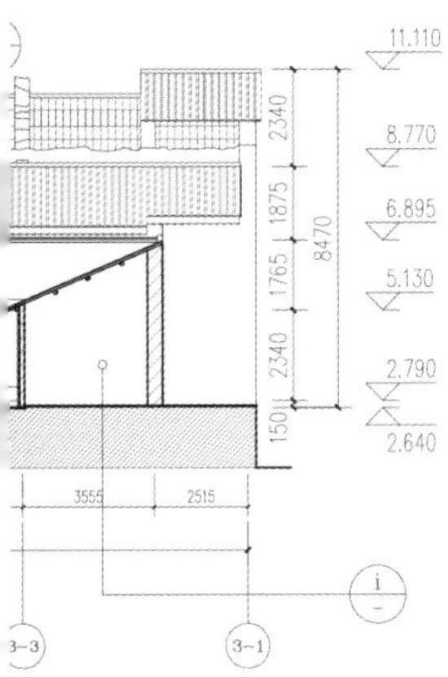

面图

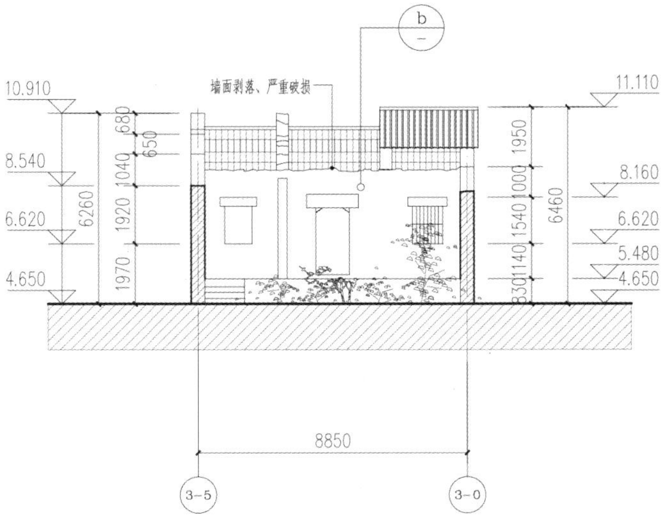

第三房 5-5 剖面图

红色记忆：传统村落历史形态与文化研究

编号

12

岁月深处的乡愁——大悟九房沟

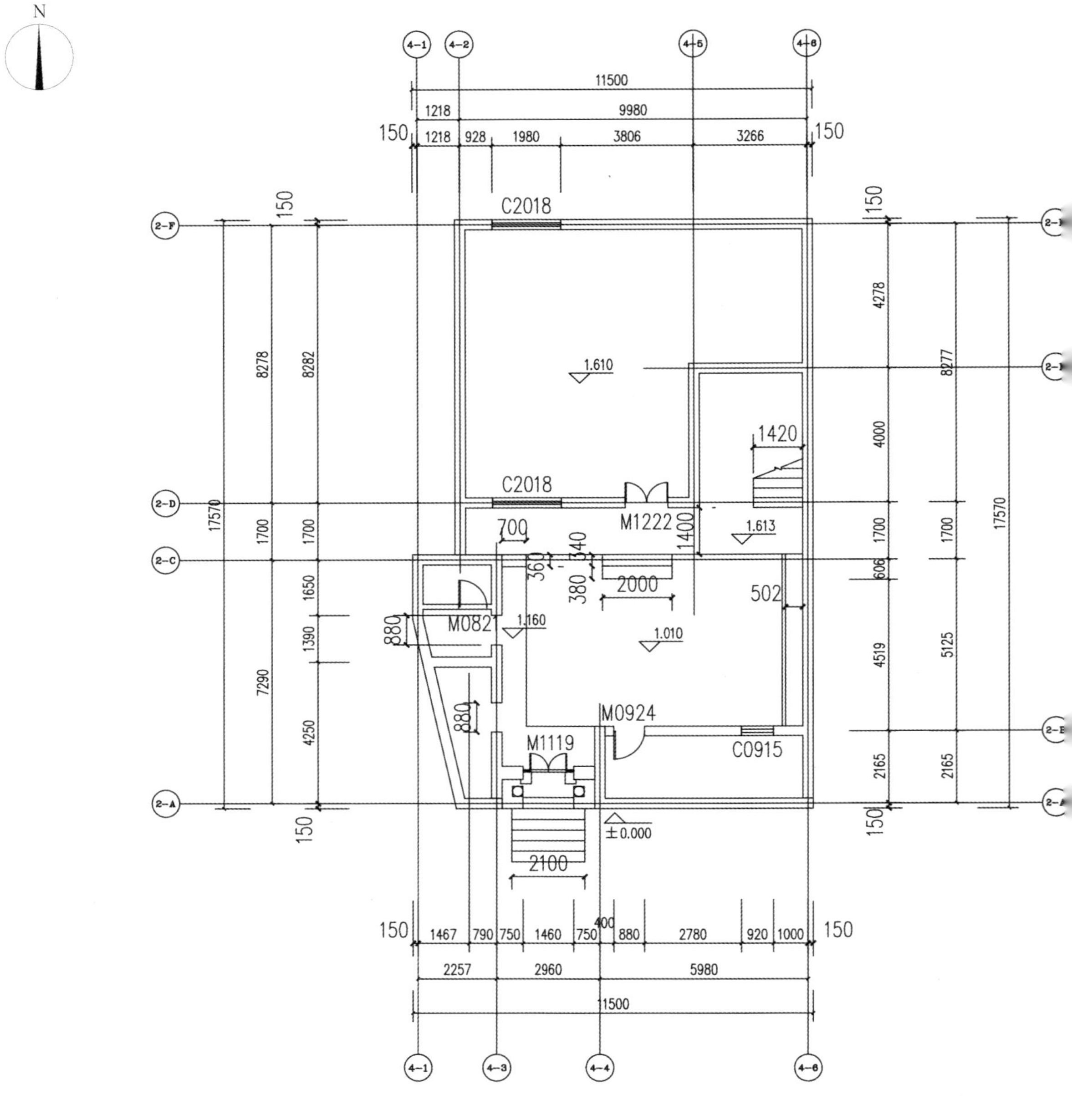
N
11500
1218
9980
150
928
1980
3806
3266
C2018
8278
8282
4278
8277
1.610
1420
4000
17570
M1222
1.613
1700
700
1400
360
340
380
2000
502
606
1650
1390
7290
4250
880
M0821
1.160
1.010
4519
5125
M0924
M1119
C0915
2165
±0.000
2100
1467
790
750
1460
400
880
2780
920
1000
2257
2960
5980

第四房一层平面图

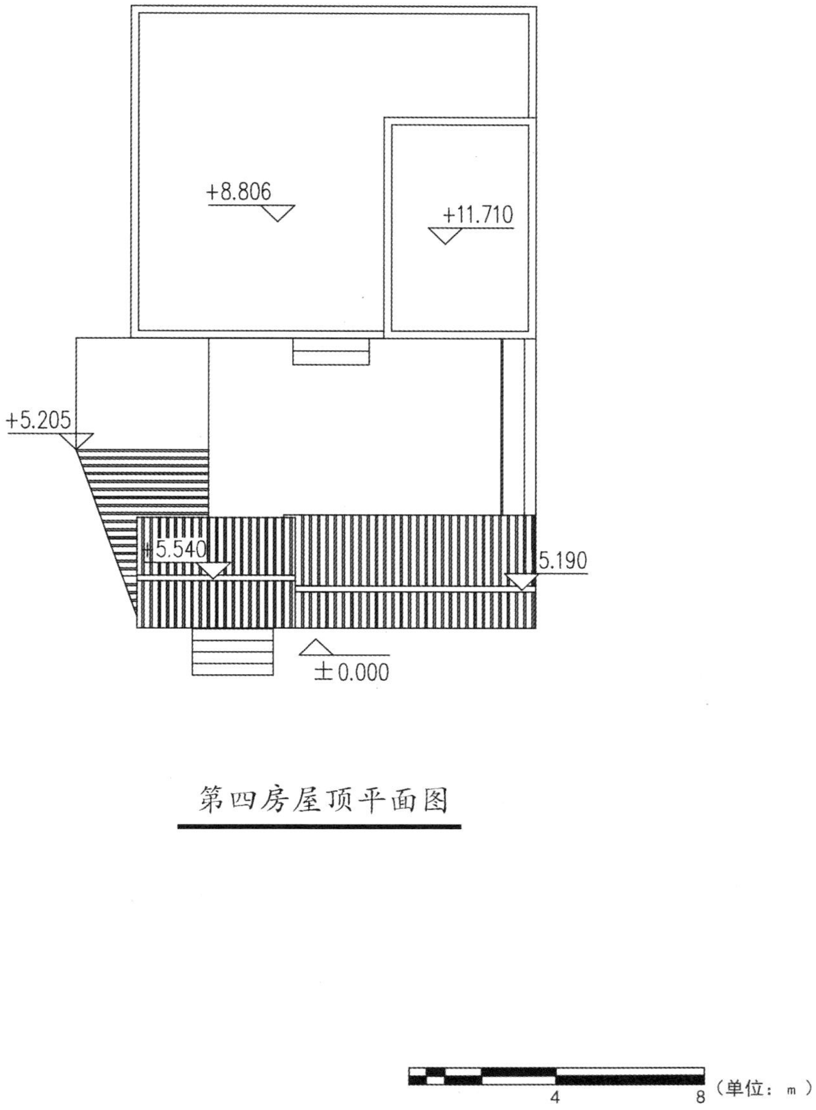

第四房屋顶平面图

红色记忆：传统村落历史形态与文化研究

编号

13

岁月深处的乡愁——大悟九房沟

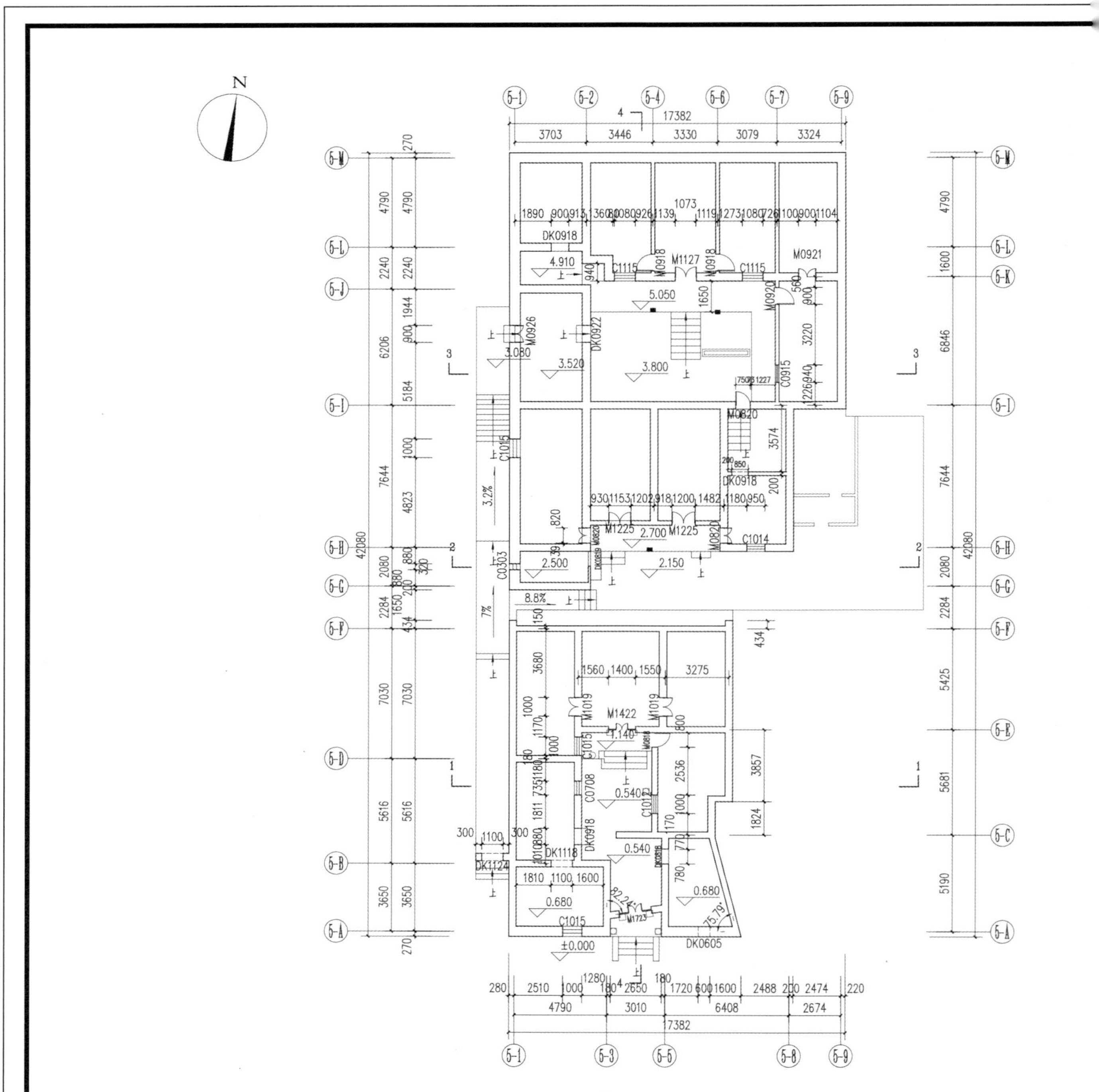

第五房一层平面图

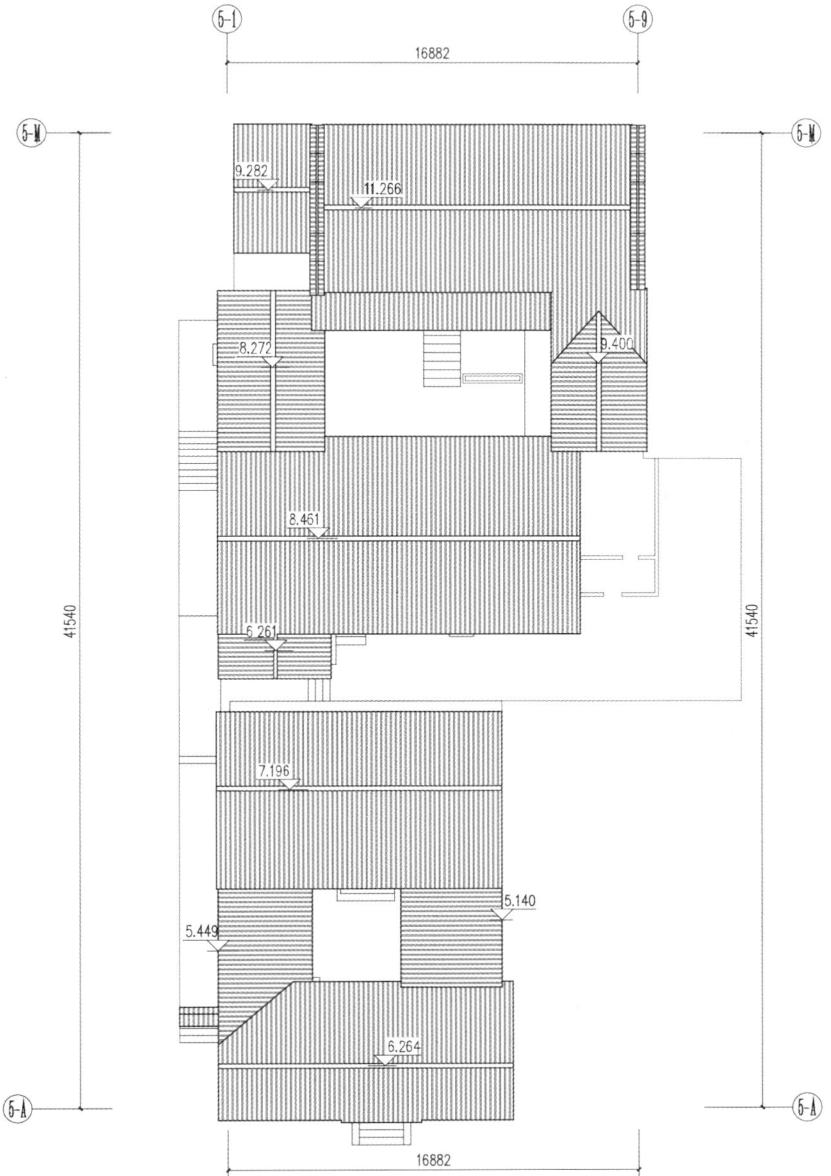

第五房屋顶平面图

4 8（单位：m）

红色记忆：传统村落历史形态与文化研究

编号

14

岁月深处的乡愁——大悟九房沟

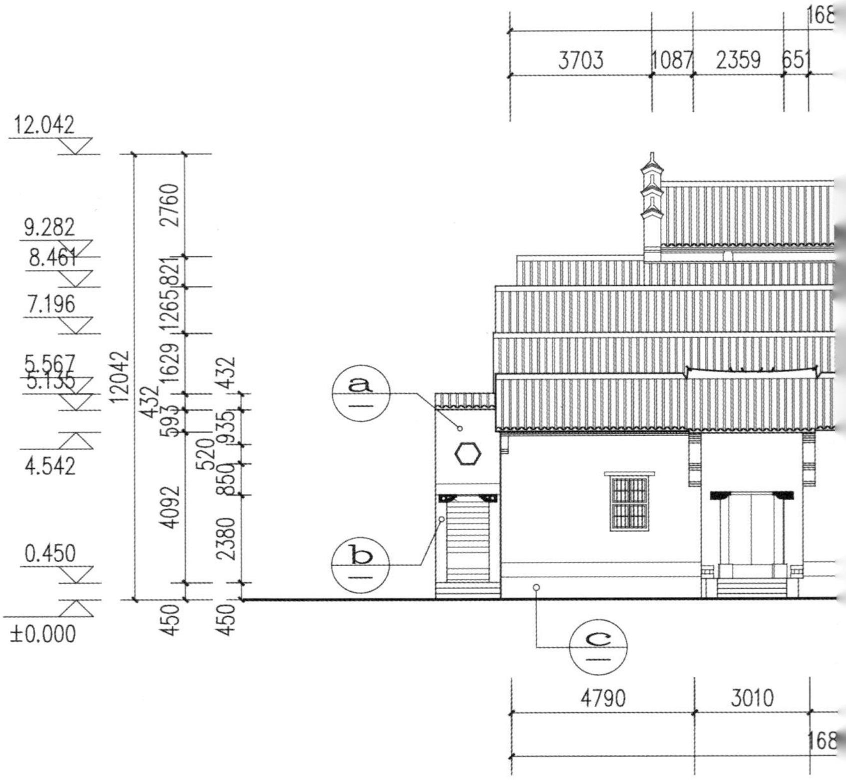

3703
1087
2359
651
168
12.042
9.282
8.461
7.196
5.567
5.135
4.542
0.450
±0.000
2760
821
1265
1629
432
593
520
4092
12042
450
432
935
850
2380
450
a
b
c
4790
3010
168

第五房

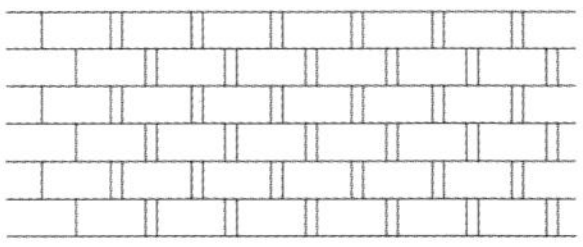

空斗墙大样

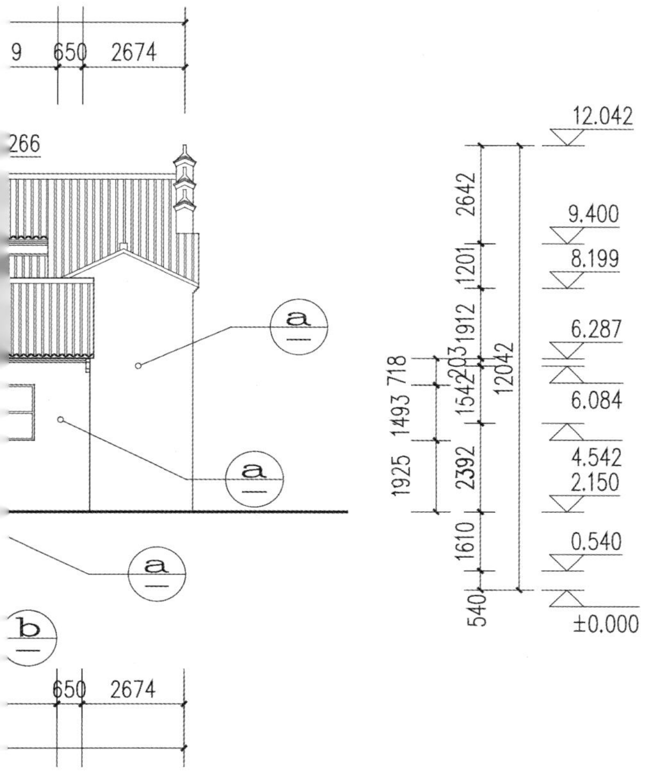

平砌砖墙大样

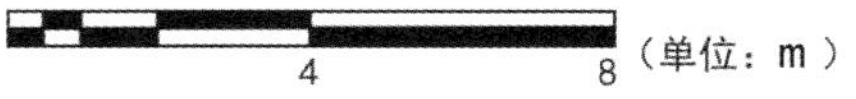

红色记忆：传统村落历史形态与文化研究

编号

15

岁月深处的乡愁——大悟九房沟

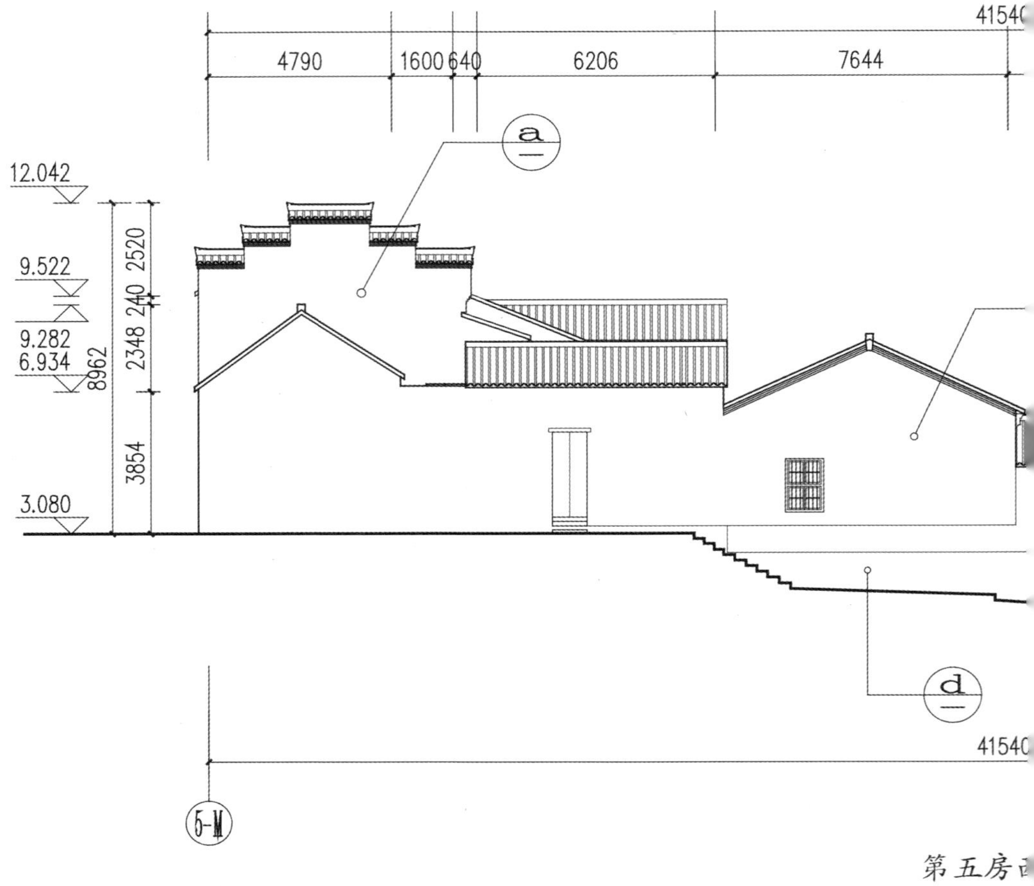
41540
4790
1600
640
6206
7644
12.042
9.522
9.282
6.934
3.080
2520
240
2348
3854
8962
a
d
41540
5-M
第五房西

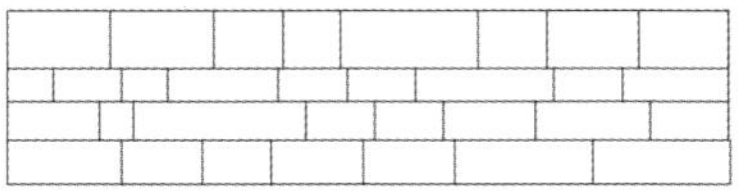

条石大样

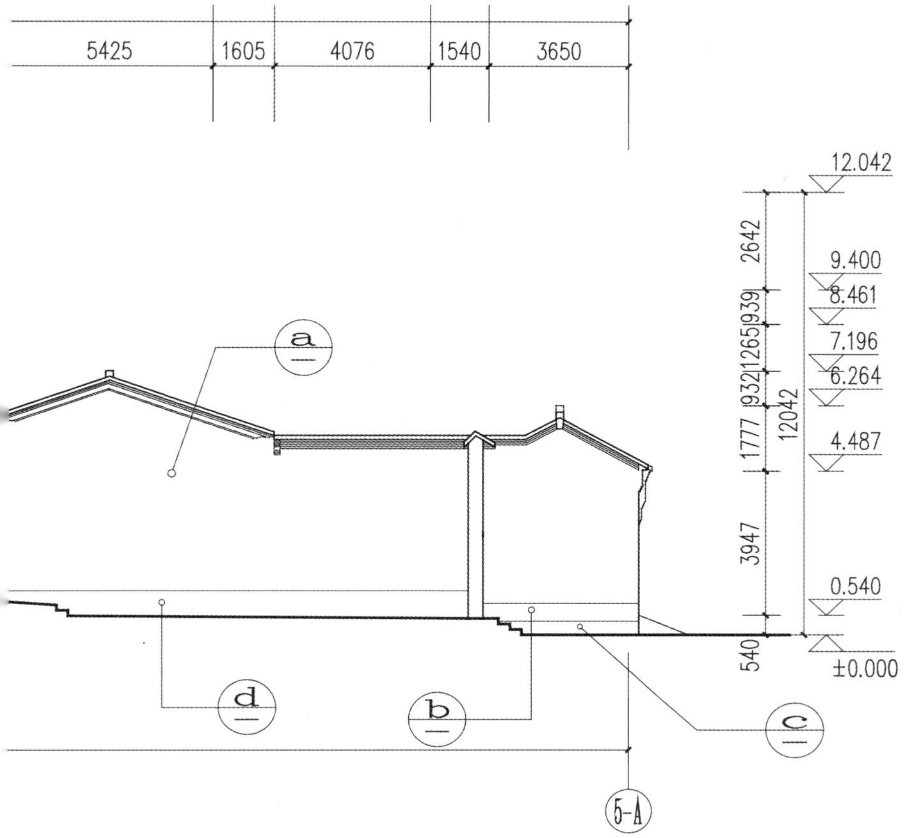

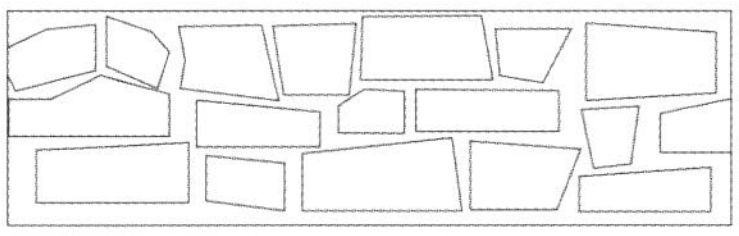

毛石墙大样

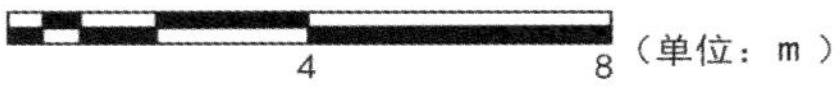

红色记忆：传统村落历史形态与文化研究

编号	16

岁月深处的乡愁——大悟九房沟

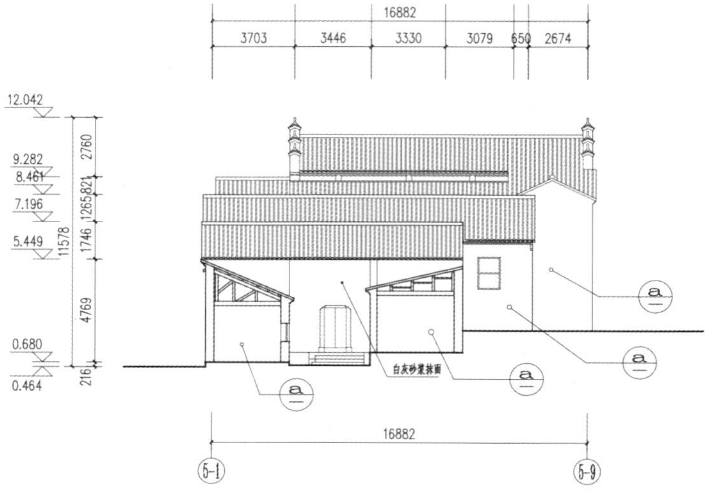

第五房 1—1 剖面图

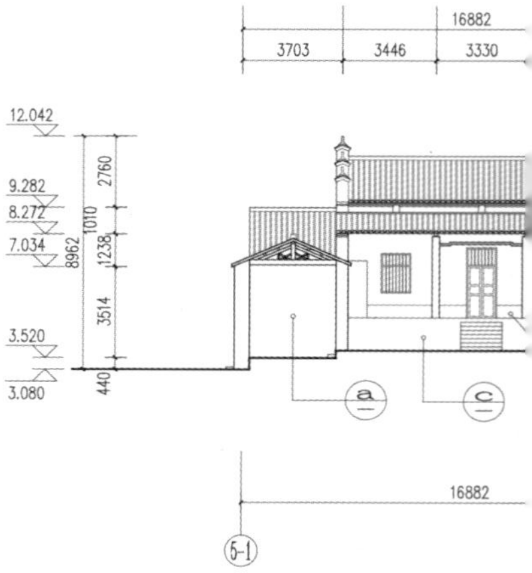

第五房 3—

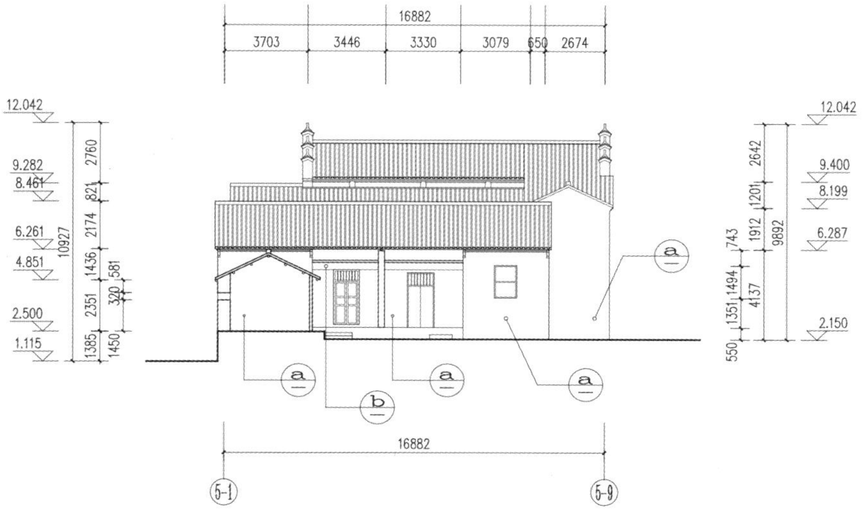

第五房 2—2 剖面图

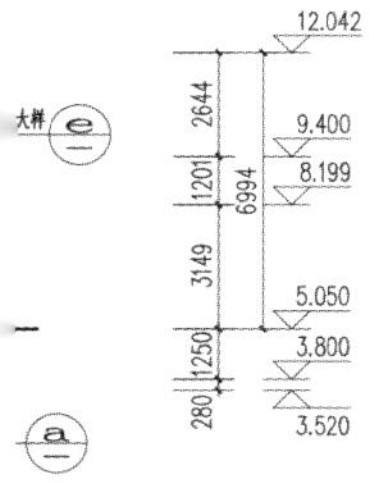

红色记忆：传统村落历史形态与文化研究

编号

17

岁月深处的乡愁——大悟九房沟

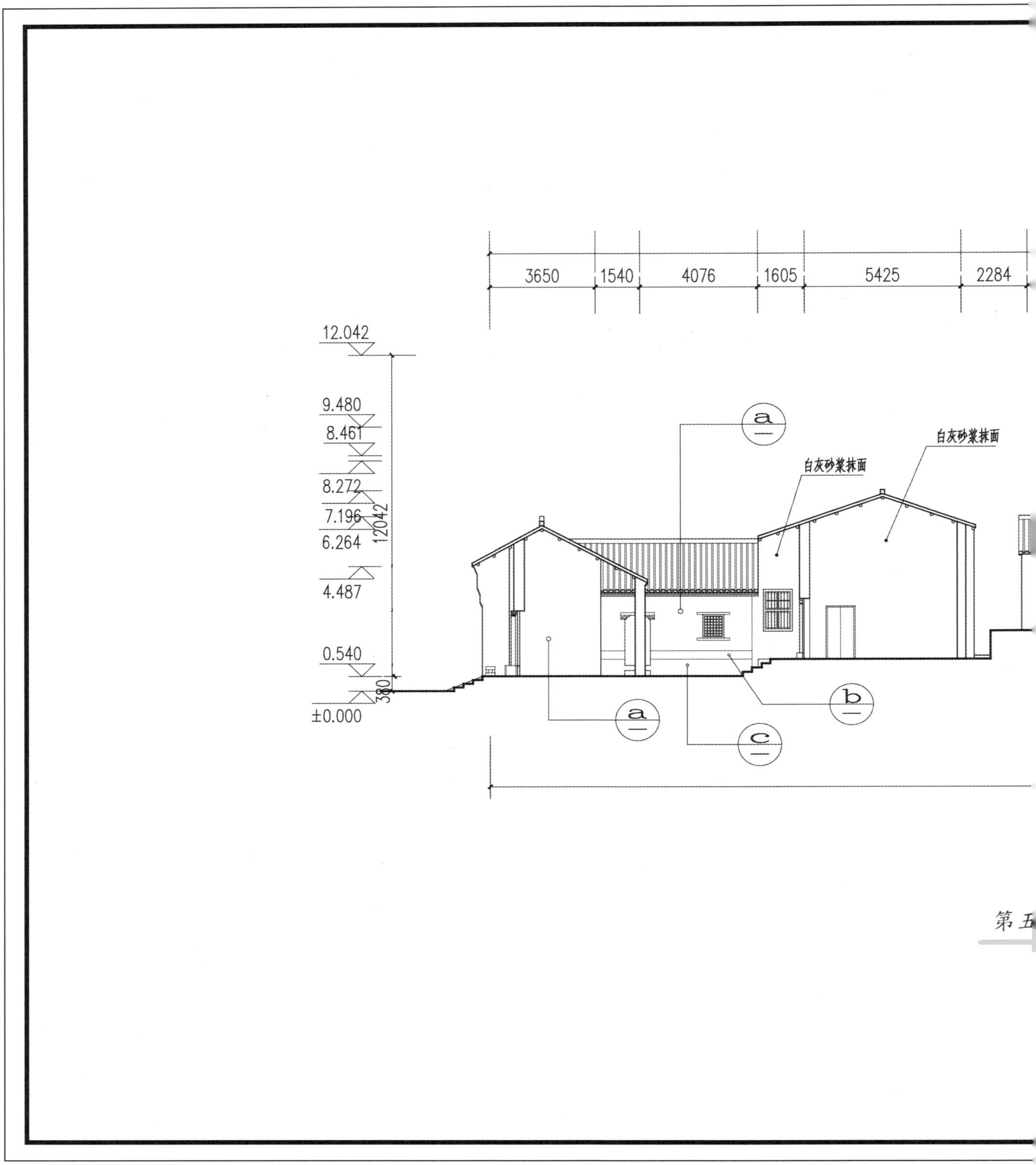
3650
1540
4076
1605
5425
2284
12.042
9.480
8.461
8.272
7.196
6.264
4.487
0.540
±0.000
12042
380
a
白灰砂浆抹面
白灰砂浆抹面
a
b
c
第五

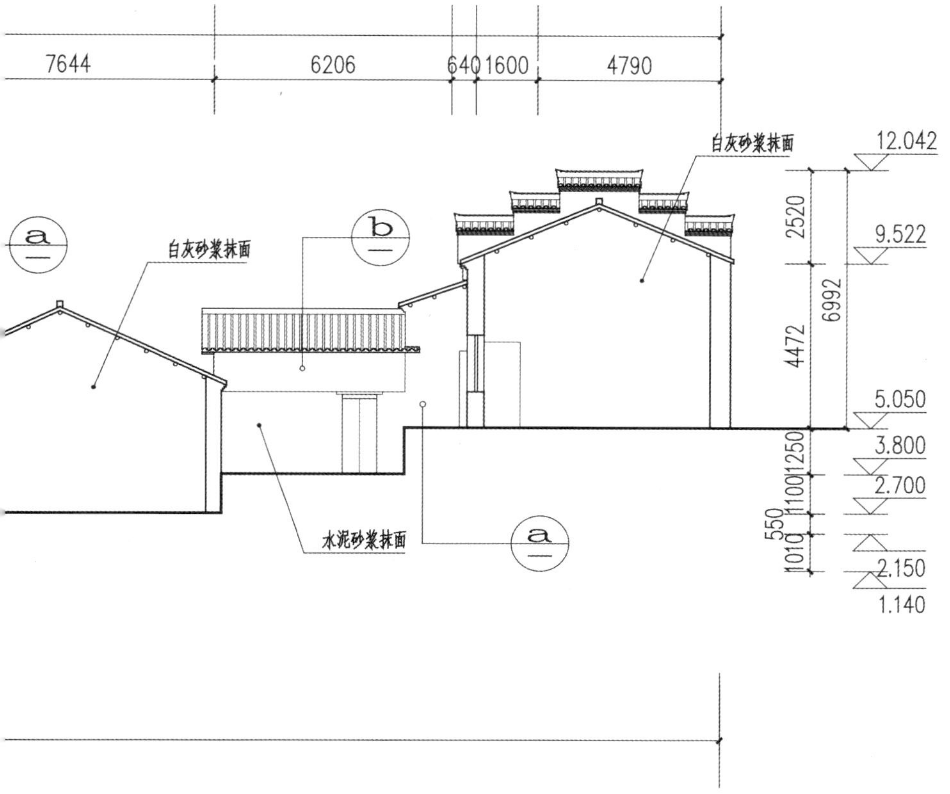

面图

4　8（单位：m）

红色记忆：传统村落历史形态与文化研究

编号

18

岁月深处的乡愁——大悟九房沟

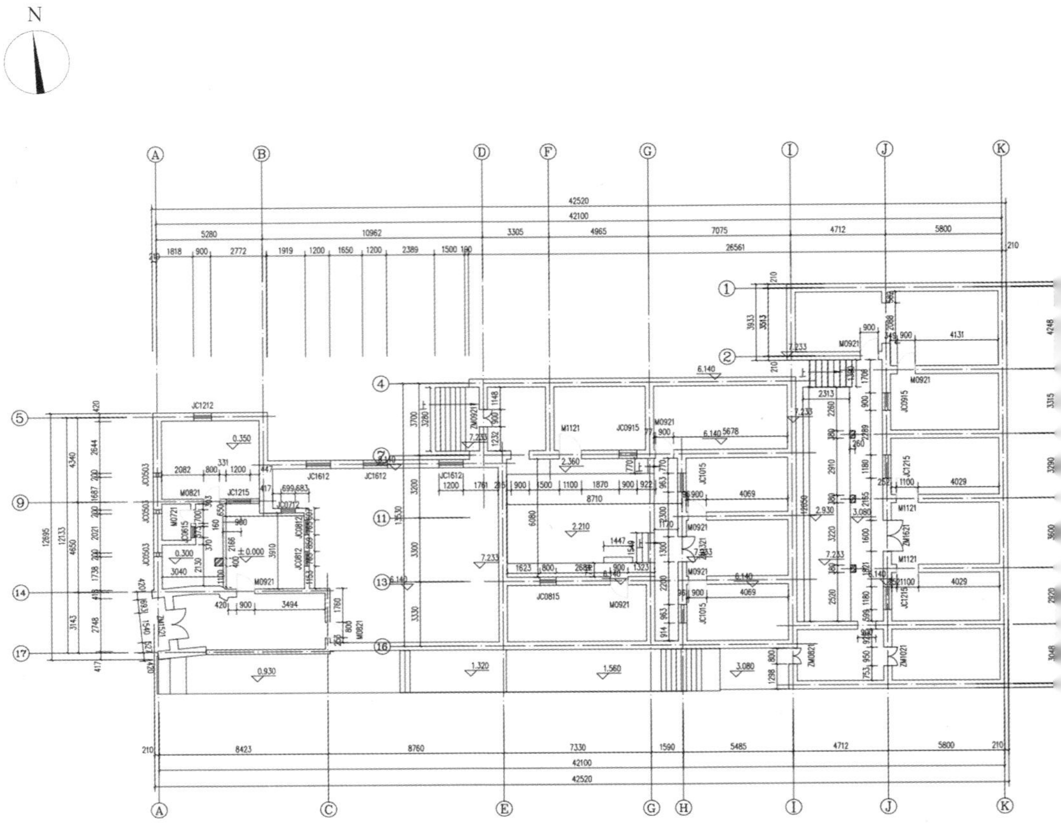
N
42520
42100
5280
10962
3305
4965
7075
4712
5800
26561
8423
8760
7330
1590
5485
A
B
C
D
E
F
G
H
I
J
K

第六房一层平面图

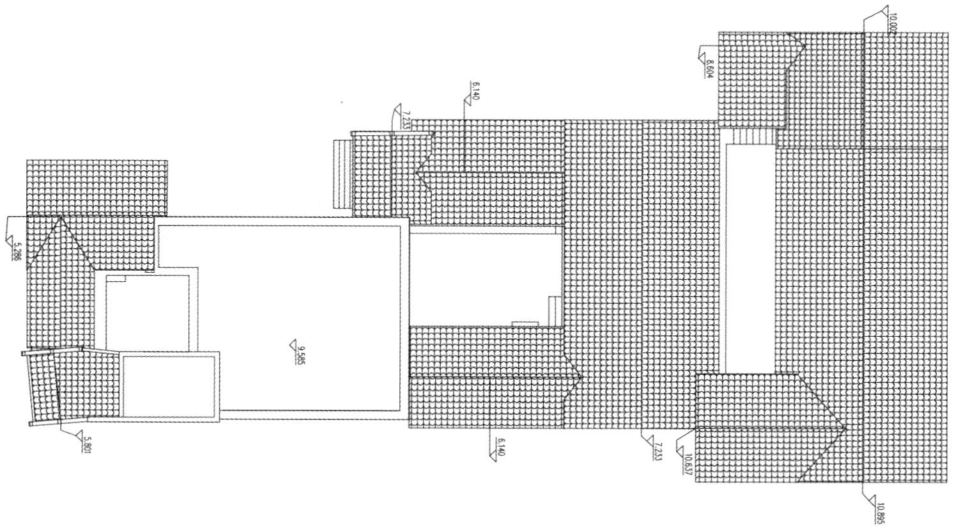

第六房屋顶平面图

4　8（单位：m）

红色记忆：传统村落历史形态与文化研究

编号

19

岁月深处的乡愁——大悟九房沟

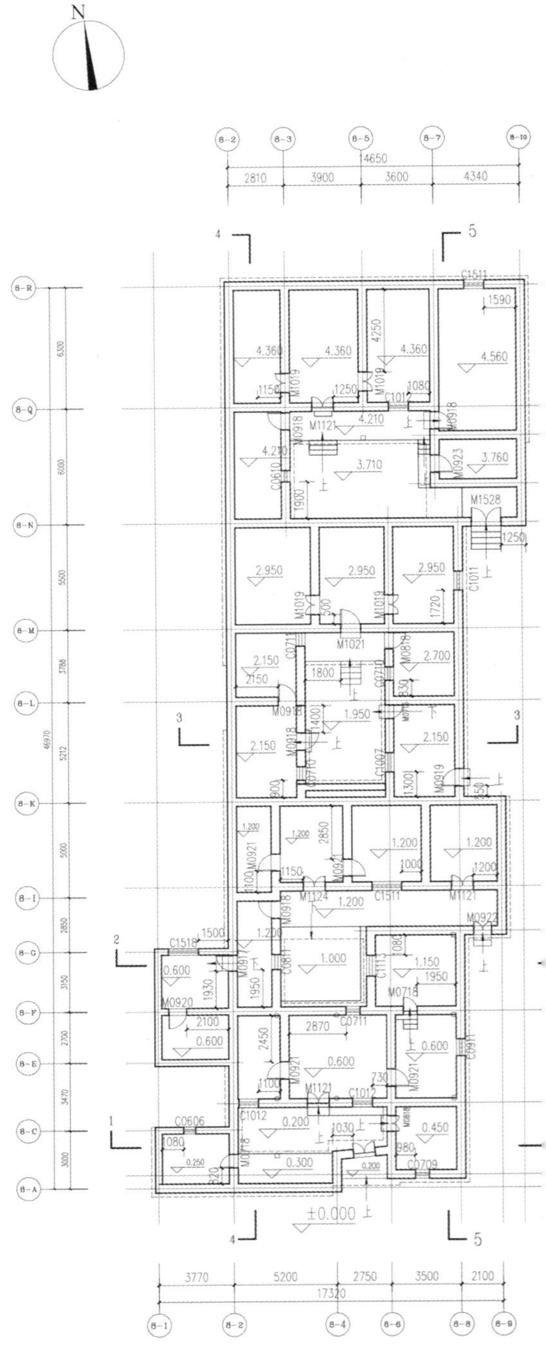
N
14650
2810
3900
3600
4340
17320
3770
5200
2750
3500
2100
±0.000

第八房一层平面图

4 8（单位：m）

红色记忆：传统村落历史形态与文化研究

编号

20

岁月深处的乡愁——大悟九房沟

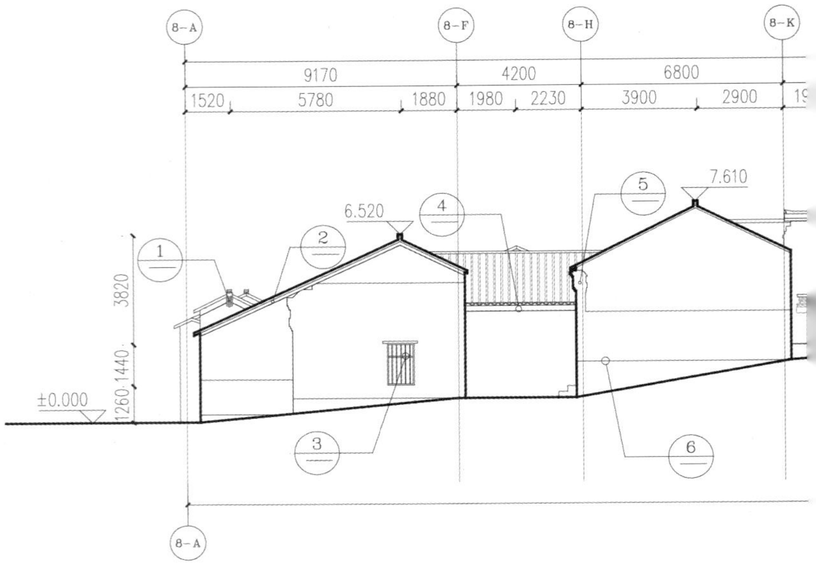

第八房

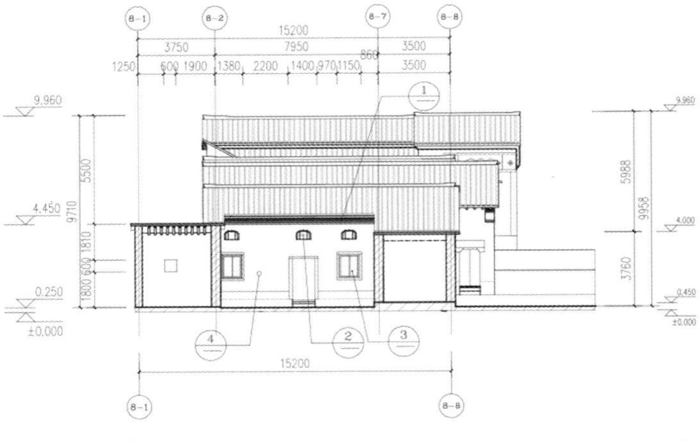

第八房 1—1 剖面图

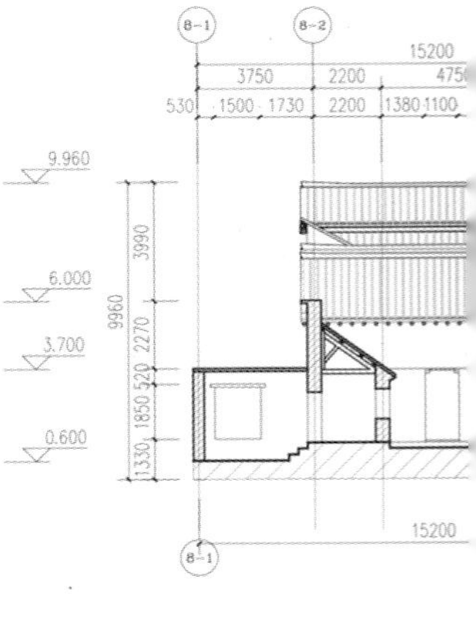

第八房

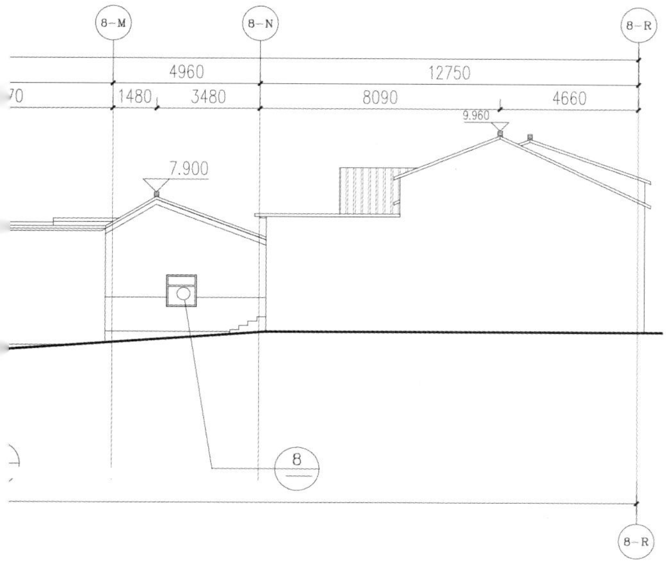

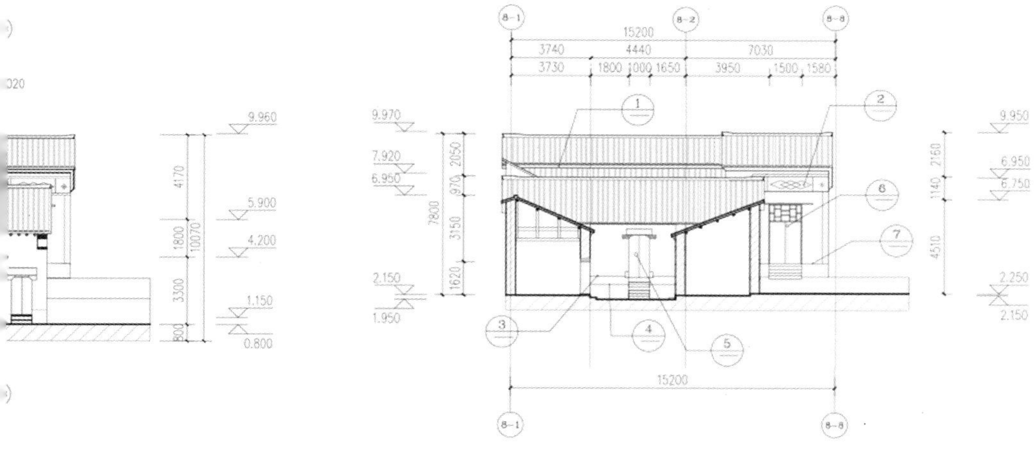

图

第八房 3—3 剖面图

（单位：m）

红色记忆：传统村落历史形态与文化研究

编号

21

岁月深处的乡愁——大悟九房沟

4370
4800
4200
1800
5000
2930
1870
2130
850
1230
2080
2930
9.958
7.905
7.586
6.515
4.499
3.634
0.300
±0.000
9960
2050
320
1070
2020
870
3330
300
6.515
7.586
3.800
无法实测
防水布
木板夹层

第八

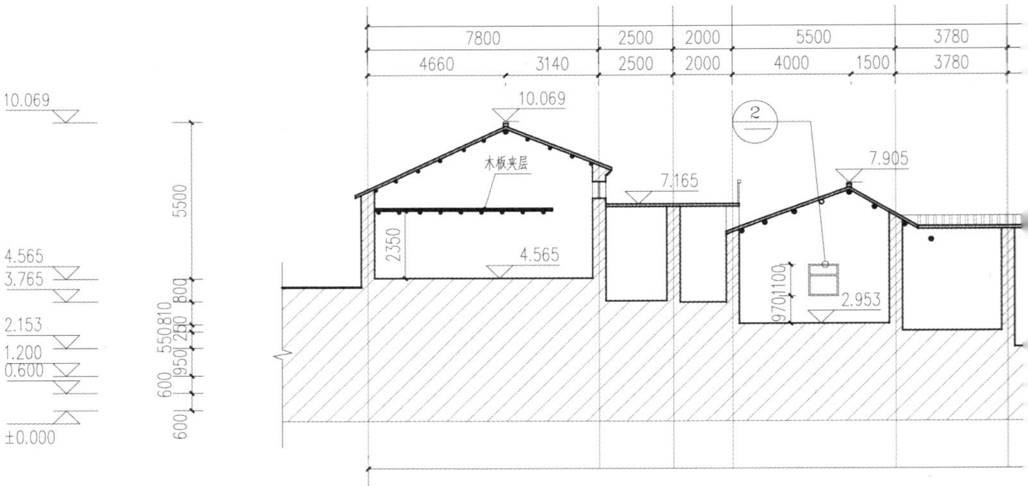
7800
2500
2000
5500
3780
4660
3140
2500
2000
4000
1500
3780
10.069
4.565
3.765
2.153
1.200
0.600
±0.000
5500
10.069
7.165
7.905
木板夹层
2350
4.565
2.953
2

第八

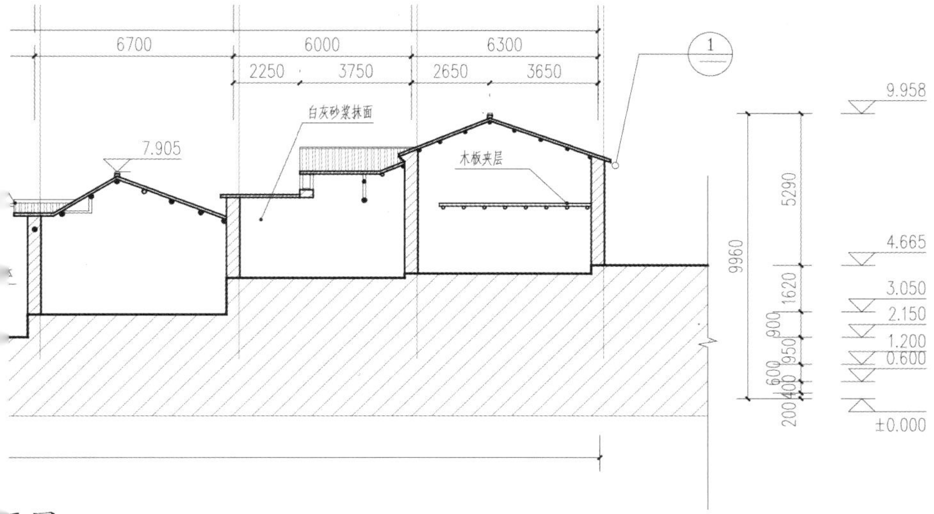

面图

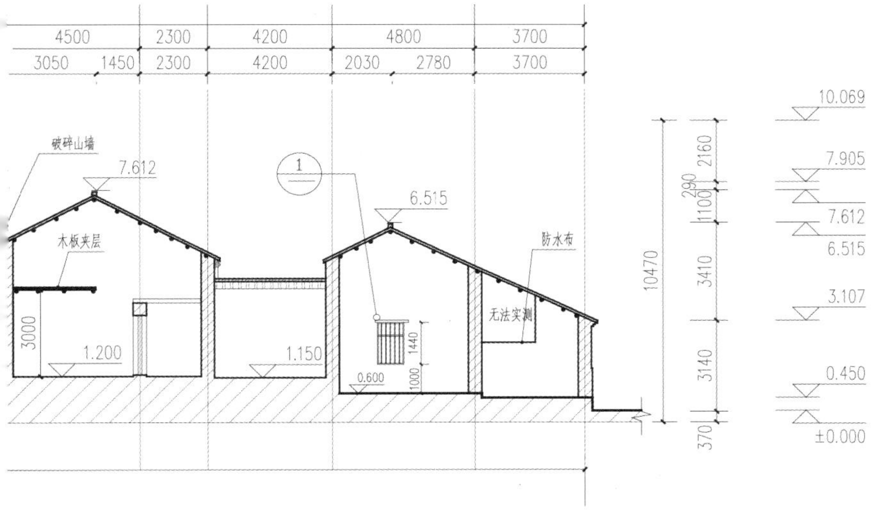

面图

红色记忆：传统村落历史形态与文化研究

编号

22

岁月深处的乡愁——大悟九房沟

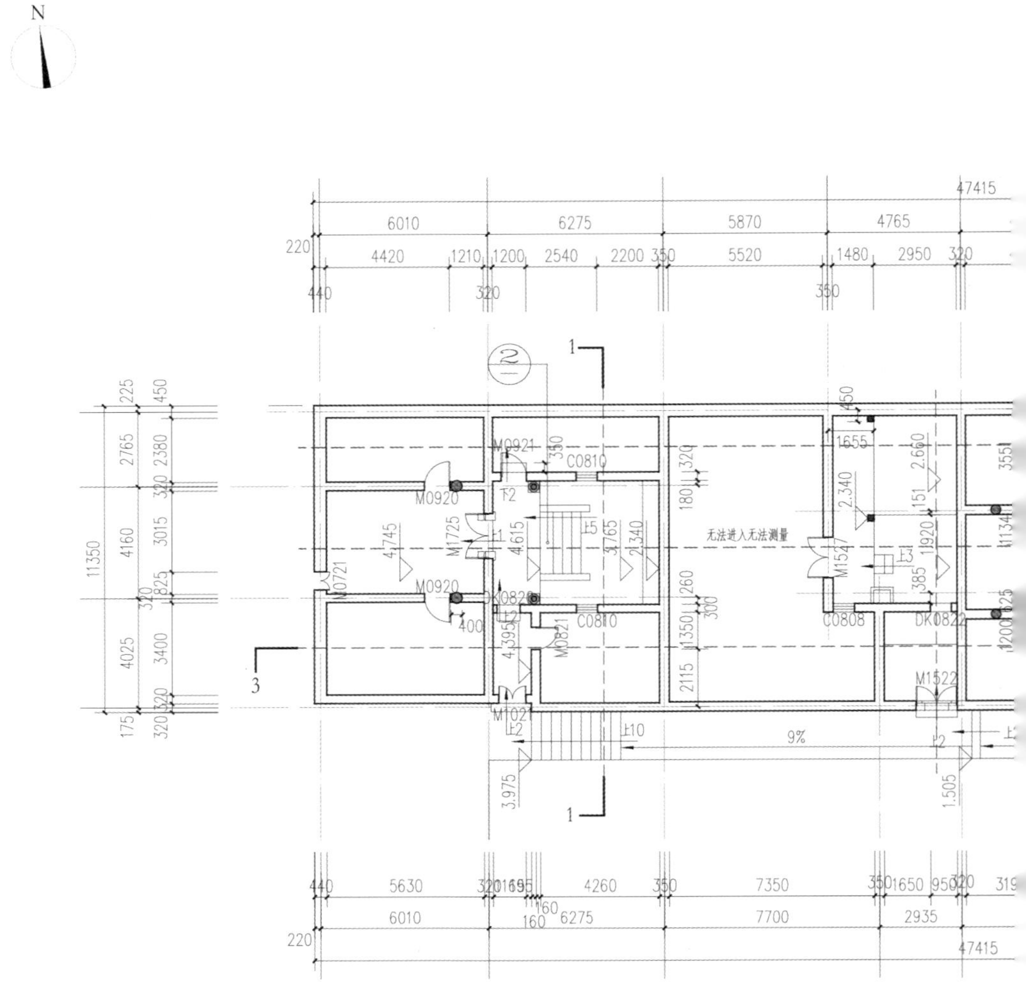
N
47415
6010
6275
5870
4765
220
4420
1210
1200
2540
2200
350
5520
1480
2950
320
440
320
350
1
M0921
C0810
M0920
M1725
4745
4615
3765
2340
无法进入无法测量
M1527
C0808
DK0822
M1522
M0721
M1021
9%
3.975
1.505
3
11350
5630
4260
7350
1650
950
7700
2935
6275
160

九房一层平

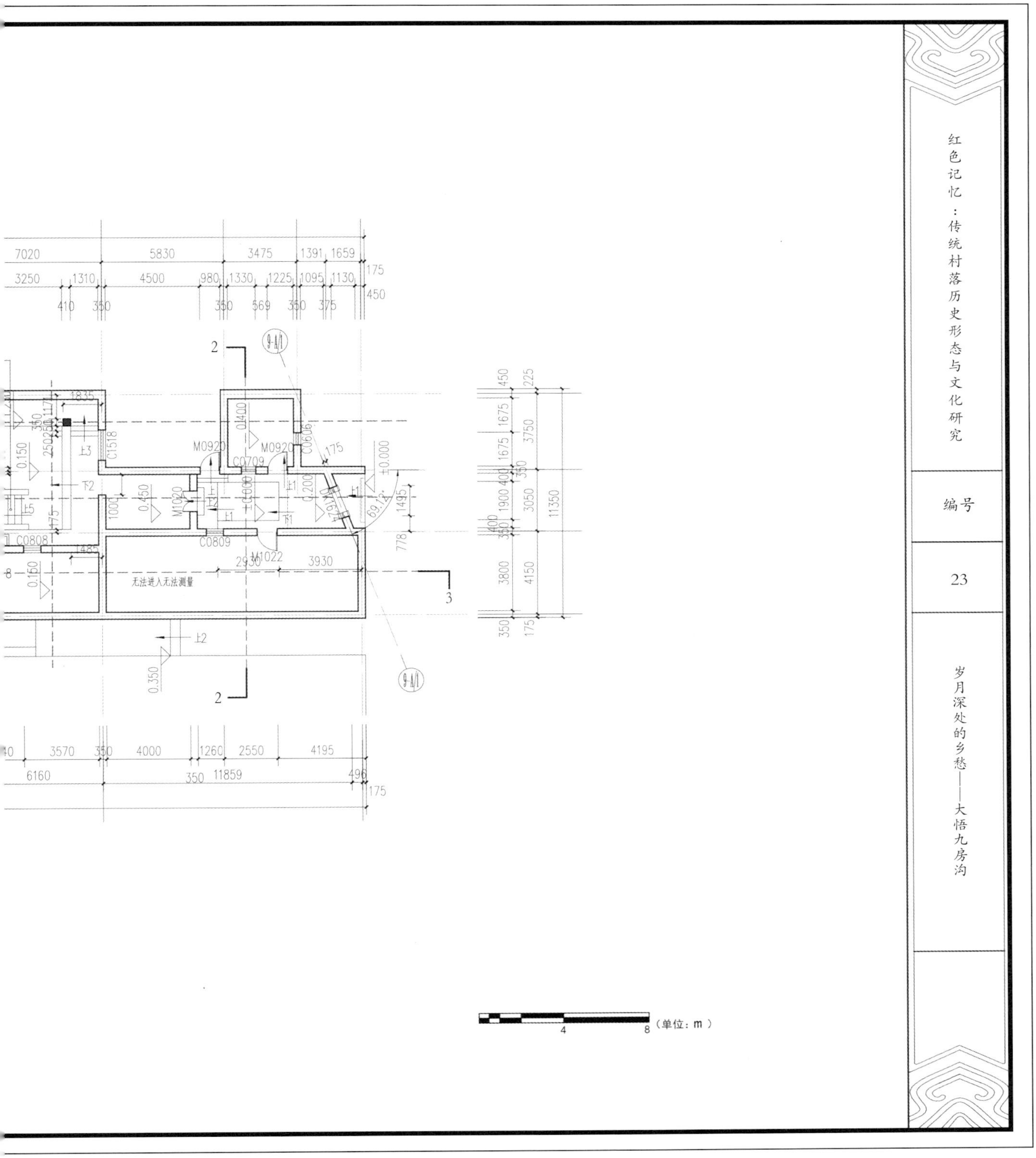
无法进入无法测量
(单位：m)
红色记忆：传统村落历史形态与文化研究
编号
23
岁月深处的乡愁——大悟九房沟

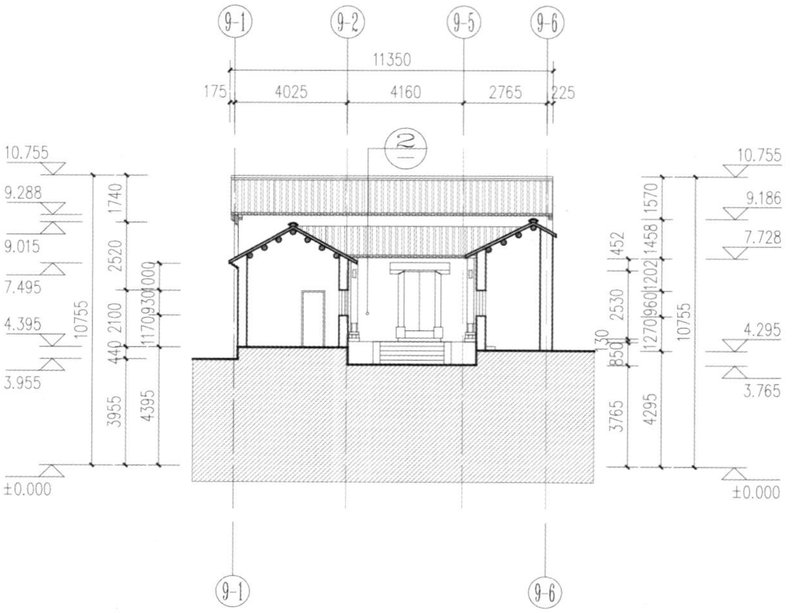
9-1
9-2
9-5
9-6
11350
175
4025
4160
2765
225
2
10.755
9.288
9.015
7.495
4.395
3.955
±0.000
1740
2520
2100
440
3955
10755
4395
1170
930
1000
10.755
9.186
7.728
4.295
3.765
±0.000
1570
1458
1202
960
1270
850
130
452
2530
3765
4295
10755
9-1
9-6

第九房 1—1 剖面图

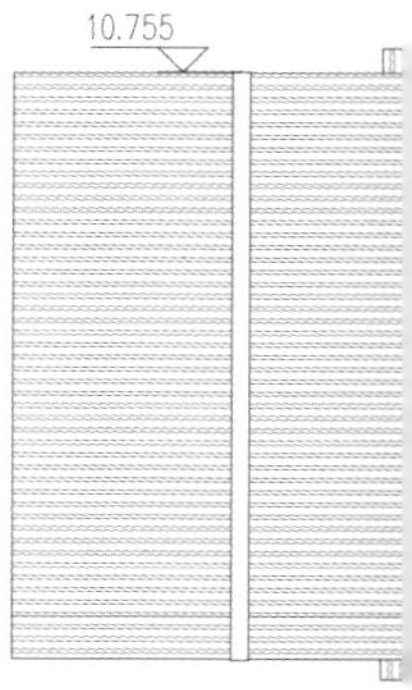
10.755

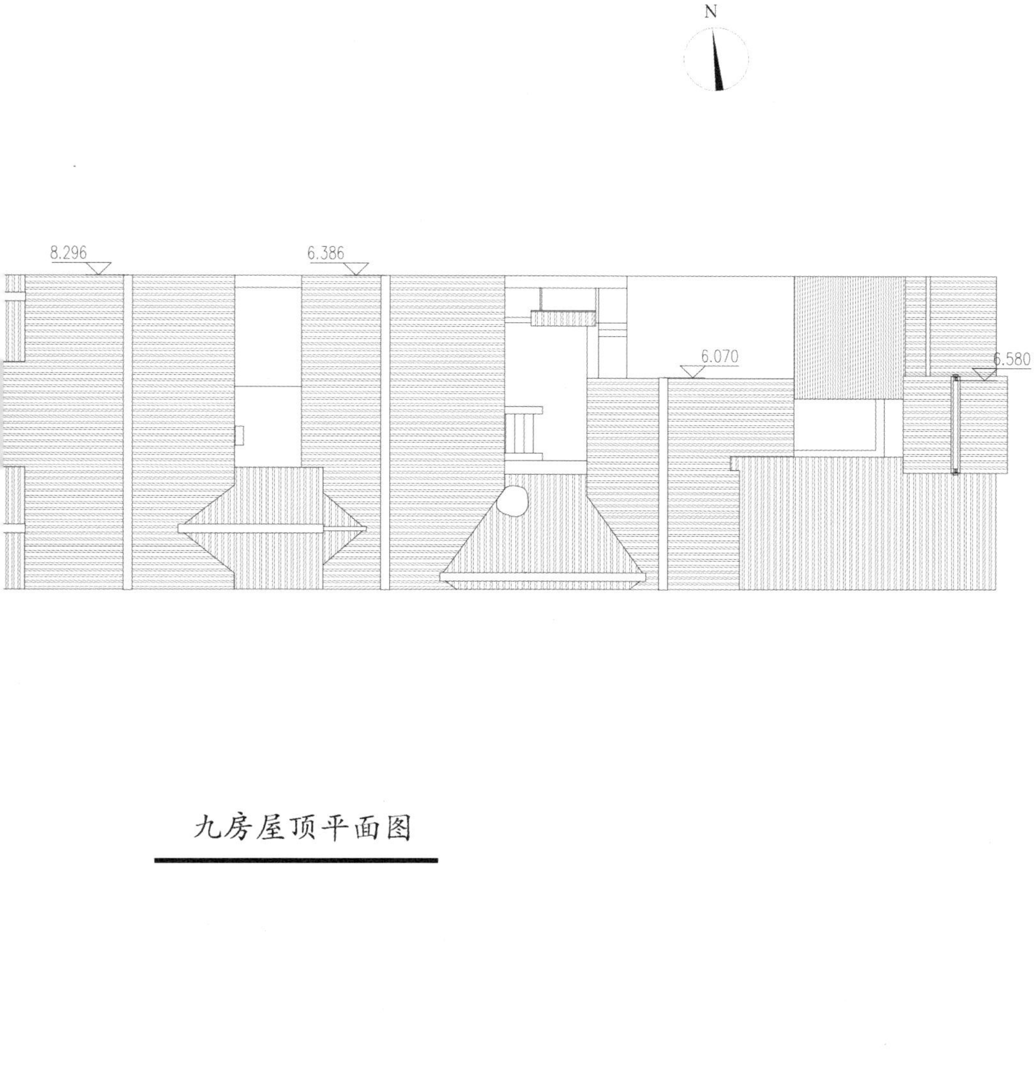

九房屋顶平面图

红色记忆：传统村落历史形态与文化研究

编号

24

岁月深处的乡愁——大悟九房沟

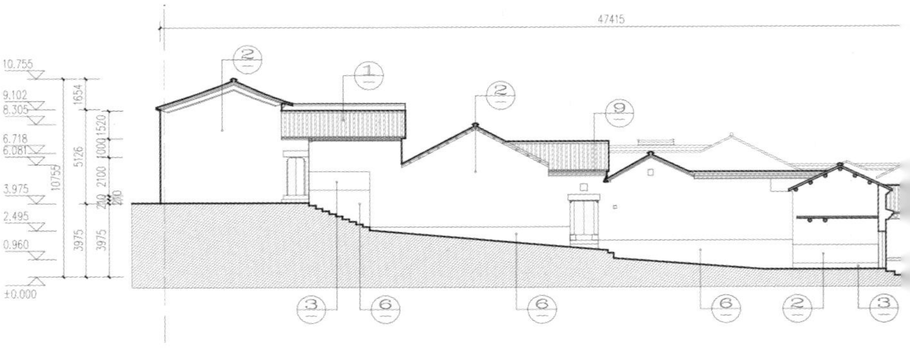

第九房西立面图

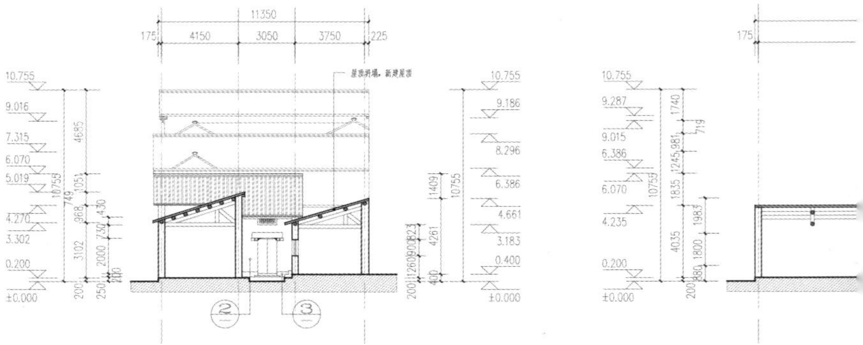

第九房 2—2 剖面图

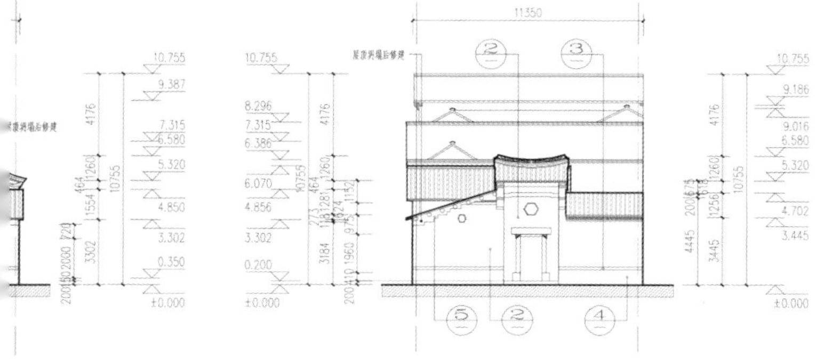

第九房南立面图

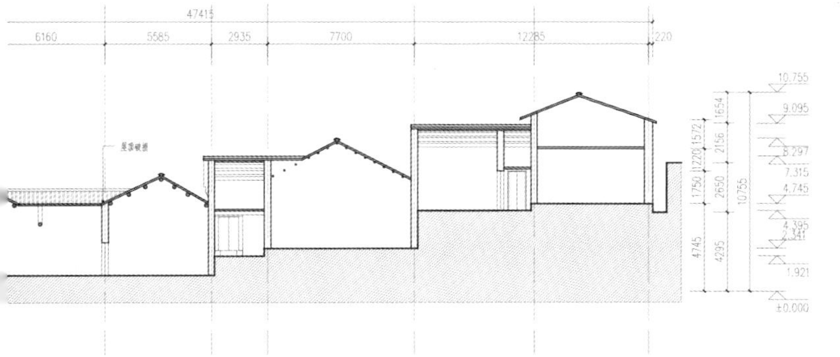

第九房 3—3 剖面图

（单位：m）

红色记忆：传统村落历史形态与文化研究

编号

25

岁月深处的乡愁——大悟九房沟